D1569264

Abecé
Visual

El Abecé Visual de

VIAJEROS Y EXPLORADORES

Abecé
Visual

© de esta edición: 2013, Santillana USA Publishing Company, Inc.
2023 NW 84th Ave, Doral FL 33122

© Publicado primero por Santillana Ediciones Generales, S. L.
C/Torrelaguna, 60 - 28043 Madrid

Coordinación editorial: Área de Proyectos Especiales.
Santillana Ediciones Generales, S. L.

REDACCIÓN Y EDICIÓN
Marcela Codda

ILUSTRACIÓN
Guillermo Arce

DISEÑO DE CUBIERTAS
Gabriela Martini y asociados

El abecé visual de viajeros y exploradores
ISBN: 978-84-9907-011-7

Printed in USA by Nupress of Miami, Inc.
16 15 14 13   1 2 3 4 5 6 7 8 9

Índice

¿**Quiénes** eran los vikingos?

Hacia el siglo VIII la región de Escandinavia estaba poblada por nórdicos o germanos. Vivían de la agricultura, la ganadería y la pesca, y estaban muy bien organizados como comunidad. Al habitar en regiones inhóspitas y peligrosas se vieron obligados a navegar en busca de tierras más favorables. En un comienzo surcaron los mares con fines pacíficos, pero con el tiempo sus incursiones se convirtieron en temibles invasiones.

Las aldeas estaban formadas por unas 30 casas hechas sobre cimientos de piedra, con paredes de ramas recubiertas de barro y techos de paja. Las casas no tenían ventanas y la iluminación dependía de hogueras que se encendían en su interior.

Las aldeas estaban compuestas por las viviendas, un establo, un almacén y una herrería.

Con un sencillo arado de madera tirado por bueyes los vikingos surcaban la tierra y sembraban centeno, cebada y avena.

Cuando el marido estaba ausente, la mujer se hacía cargo de la granja. Como prueba de ello llevaba las llaves de la casa y de los arcones colgadas del cinto o sujetas a la ropa con broches.

En todas las aldeas se almacenaba pescado. Una vez limpio, se ponía en secaderos de madera y se guardaba en almacenes.

La dura vida de los vikingos hacía que solo algunos llegaran a viejos. Los pocos ancianos eran los encargados de enseñar y narrar tradiciones y poemas antiguos a los más pequeños.

Desde pequeños los varones colaboraban en las tareas de la granja y se entrenaban con espadas de madera. A las niñas se les reservaban las tareas domésticas, como cocinar, lavar y preparar cerveza.

Expansión vikinga

Durante los siglos VIII y IX los vikingos dominaron todas las rutas marítimas del noreste europeo. Cuando lograron conquistar las costas del mar, incursionaron en ríos como el Támesis, el Sena y el Weser. En el mapa se observan, en color amarillo, las zonas conquistadas por los vikingos, y en morado, las regiones sobre las que tuvieron influencia.

Dioses guerreros

Para los vikingos la guerra era un hecho muy importante. Según su mitología, aquel que moría en combate era transportado por las valquirias –unas deidades femeninas– hasta la morada de Odín, el dios supremo. Allí el dios de los dioses lo esperaba para seguir su lucha contra Loki, el dios del mal.

Hombres de mar

La palabra vikingo significa «hombre de mar». Y eso es básicamente lo que fueron estos hombres. Su expansión no hubiera sido posible sin su gran obra de ingeniería: los barcos. Los vikingos tenían tres tipos de naves: los *langskip* y los *drakkar,* diseñados para la guerra y la conquista, y los *knörr,* pensados para el comercio y el transporte de mercancías.

Drakkar

Durante el verano era habitual que varias naves partieran hacia tierras lejanas. Los viajes podían organizarse para comerciar en otras regiones o para conquistar nuevos territorios.

Las aldeas vivían de lo que cultivaban y de la caza y la pesca.

En cada aldea se producía lo que se necesitaba. Los carpinteros eran también herreros, capaces de fabricar herramientas de campo, utensilios de cocina o espadas para los guerreros.

Langskip

Langskip y drakkar

Estas naves eran rápidas y muy fáciles de manejar. Tenían poco calado, lo que les permitía navegar en mares y ríos no muy profundos. Tenían una vela cuadrada, y contaban con espacio para entre 30 y 50 remeros. Los remeros, que eran los propios guerreros, llevaban sus pertenencias en arcones sobre los que se sentaban para remar. En el centro de las naves se ubicaban las armas, los alimentos y odres con agua.

Knörr

Knörr

Estas naves eran más «panzudas» que los *drakkar,* pero también fácilmente maniobrables. La popa y la proa eran iguales, lo que les permitía navegar hacia adelante y hacia atrás sin inconvenientes. En los *knörr* también viajaban las familias que se trasladaban hacia las tierras conquistadas, con sus pertenencias y sus animales.

¿**Qué** vio Marco Polo en sus viajes?

En 1271 un joven veneciano llamado Marco Polo partió rumbo a China junto a su padre, Nicolo, y su tío Mateo, ambos mercaderes. Tras un viaje cargado de aventuras, los Polo llegaron a los dominios del emperador mongol Kublai Khan. En poco tiempo, el explorador se ganó la confianza del Khan y este le asignó diversas misiones para que lo representara. Gracias a ello, Marco Polo descubrió un mundo desconocido para los europeos.

Kublai Khan recibió a los Polo en un enorme salón dorado de su palacio de verano en Shangtu. El emperador tenía unos 60 años y vestía finas ropas de seda con bordados de oro.

En sus relatos, *Los viajes de Marco Polo* o *Libro de las maravillas,* contaba que el emperador mongol siempre estaba rodeado de sabios, astrónomos y consejeros. Y que tenía cuatro esposas, con una corte de miles de personas al servicio de cada una.

Guerreros mongoles

El ejército mongol estaba formado exclusivamente por una caballería muy organizada. Se dividía en cuerpos de lanceros y arqueros, aunque cada soldado era un verdadero arsenal, pues cargaba con espada, hacha y jabalinas. Gracias a los estribos –un invento chino– los jinetes podían cargar y disparar flechas en pleno galope.

Cuando Nicolo y Mateo emprendieron su viaje de regreso a Venecia, tras 16 años de estancia, el Khan les pidió que llevaran una carta al Papa solicitando que enviara a 100 sabios a su corte, petición que el pontífice no cumplió.

Un largo viaje

Marco Polo tenía 17 años cuando partió en barco rumbo a Palestina con su padre y su tío. Prosiguieron por tierra durante tres años hasta llegar a China, donde fueron recibidos por el Khan. Al servicio de Kublai, Marco Polo recorrió Birmania (Myanmar), Tíbet y el occidente de la India. Su última misión fue la de acompañar a una princesa china hasta Persia, actual Irán. Regresó a su Venecia natal 24 años después.

El palacio del Khan tenía extensos jardines donde habitaban animales exóticos. Para cazarlos, el emperador contaba con la ayuda de guepardos y halcones.

Los viajes de Marco ampliaron el mundo hasta entonces conocido y permitieron el trazado de los primeros mapas fiables del continente asiático.

Nuevos hallazgos

Gracias a la ruta recorrida por Marco Polo, los europeos conocieron muchas de las riquezas que Asia podía proporcionar a Europa.

Especias

En la India, Marco Polo descubrió un territorio rico en especias, como pimienta, jengibre, cardamomo, clavo, nuez moscada, canela y anís. Sus relatos inspiraron a muchos navegantes a buscar nuevas rutas para llegar a estas tierras.

Iluminación en las casas

Marco Polo descubrió que los chinos utilizaban «un aceite no comestible», el petróleo, como ungüento para curar la sarna de los camellos y las personas. Pero también lo usaban para llenar pequeños cuencos de cerámica o piedra con los que iluminaban los hogares.

Telas increíbles

La seda era conocida en Europa desde la época de los romanos; lo que nadie conocía era el proceso de su elaboración. En su obra, Marco Polo hacía referencia a las moreras, de cuyas hojas se alimentaban los gusanos de los que se extraían las hebras de la preciada seda.

La porcelana

En su libro, Marco Polo hacía referencia a un tipo de cerámica que por su blancura supuso que se elaboraba con las conchas de cierto molusco llamado *porcelana*. Con este nombre se bautizó esa cerámica y su fórmula fue un secreto por mucho tiempo. Hacia el siglo XIV comenzaron a entrar estas delicadas piezas al mercado europeo.

¿**Cómo** era la Santa María?

Probablemente la *Santa María* sea una de las naves más célebres de la historia. Pero, a pesar de lo que siempre se ha creído, no era una carabela, sino una carraca, un barco de carga más lento y pesado. Sus dimensiones no superaban demasiado a las de un barco pesquero actual. A bordo de la *Santa María,* Cristóbal Colón dirigió la expedición de tres naves que surcaron el océano Atlántico y se encontraron con un continente hasta entonces desconocido por los europeos: América.

El almirante Colón

Cristóbal Colón nació probablemente en Génova hacia 1451. Desde joven mostró interés por la navegación. Hacia 1476 se estableció en Portugal. Convencido de que la Tierra era redonda, se presentó ante los reyes para solicitar que se le nombrara almirante de una flota que llegaría al Asia por occidente, pero estos rechazaron su petición. Decepcionado, viajó a España, donde presentó su propuesta a los Reyes Católicos. Estos, en un principio, no le prestaron demasiada atención, pues estaban ocupados en plena conquista de Granada. Pero tras la toma de la ciudad, Colón obtuvo el apoyo real y así emprendió su viaje.

Las cuerdas, tanto las fijas como las móviles, solían ser de cáñamo y debían cuidarse mucho porque se aflojaban con facilidad. Los marineros dedicaban mucho tiempo a su cuidado.

Desde la cofia, los vigías avistaban tierra y observaban la proximidad de otras naves que pudieran suponer un peligro.

Las naves del siglo xv combinaban velas cuadradas y triangulares (latinas). Esto les permitía conseguir mayor velocidad y direccionamiento. Las velas se fabricaban con cuero o lona.

En la *Santa María* viajaban unos 40 hombres, pero solo el capitán tenía camarote. Los demás tripulantes dormían sobre la cubierta de la nave.

Popa

El interior del casco de la nave era como una gran despensa. Allí se almacenaban unas 50 toneladas de alimentos y provisiones pensadas para el viaje.

El capitán y sus oficiales más cercanos manejaban el timón, una sencilla pieza de madera que permitía girar la nave y darle dirección.

Rumbo a Catay

Al partir de España, Colón tenía la intención de dar la vuelta a la Tierra y encontrar una nueva ruta hacia el continente asiático. Como las rutas de Oriente estaban dominadas por los otomanos, decidió llegar al Asia viajando hacia Occidente.

Tres meses después de zarpar llegó a unas islas y creyó que eran la puerta de entrada a Catay, como llamaban entonces a China. A pesar de que hizo cuatro viajes en total, Colón nunca advirtió que aquello no era Asia, sino un nuevo continente.

El primer globo terráqueo

En 1492, Martin Behaim, un cartógrafo y navegante alemán, ideó una manera de representar la Tierra por medio de una esfera. Aquel primer globo terráqueo carecía de meridianos y paralelos, y estaba ricamente decorado. Como se había realizado antes del descubrimiento de Colón, no aparecía América.

El fin de la *Santa María*

El 25 de diciembre de 1492 la *Santa María* encalló en un arrecife frente a las costas de la isla La Española (que hoy comparten Haití y Santo Domingo). Con sus restos Cristóbal Colón mandó construir el fuerte Navidad, la primera edificación europea en América.

Las primeras carabelas se usaron para la pesca, pero su fácil manejo y su velocidad permitieron a los europeos enrolarse en viajes más largos por mares desconocidos en busca de nuevas rutas marítimas.

Proa

La *Santa María,* como todas las naves de la época, era de madera. El casco estaba pintado de colores brillantes en la parte superior de la línea de flotación, mientras que la zona sumergida se protegía con brea para evitar que se pudriera.

Para conseguir mayor estabilidad, la parte más profunda del casco se llenaba de piedras y arena.

Las provisiones

Agua · Vino · Aceite · Quesos · Patatas · Ajos · Harina · Gallinas · Cerdos · Carne seca y salada · Cebollas

Colón buscaba llegar al Asia y, aunque estimaba una distancia desde España, no tenía la certeza de cuánto duraría el viaje. Por eso, las tres embarcaciones llevaron lo necesario para alimentar durante bastantes días a toda la tripulación. Las bodegas se cargaban con carne seca y salada; toneles de agua, vino y aceite; bizcochos; sacos de harina, garbanzos y lentejas; queso, y algunos animales vivos. Las naves transportaban también herramientas, leña para cocinar, fuelles, velas y antorchas para iluminarse y retales de tela para reparar las velas.

¿**Cómo** llegaron los portugueses a la India?

A mediados del siglo xv el Imperio bizantino cayó bajo el poder turco de los otomanos. La ruta comercial del Mediterráneo fue cerrada y Europa se vio privada de muchos preciados productos provenientes de la India, China y Japón. Portugal, que por entonces era una potencia naviera, encargó a Vasco da Gama la búsqueda de una nueva ruta hacia la India. El explorador se embarcó hacia mar abierto, bordeó África y finalmente llegó a Calicut, en 1498.

Vasco da Gama

Era hijo de un noble que, al morir, le dejó una pequeña flota de barcos. El rey de Portugal, Manuel I, le encargó la misión de buscar una ruta hacia las Indias bordeando África. Vasco da Gama fue el primer europeo que llegó a la India por mar en 1498, y al regresar a su tierra fue nombrado «Almirante mayor de las Indias y del océano Índico». Tenía fama de hombre cruel que sometía con gran violencia a la nobleza india. En su tercer viaje contrajo malaria y murió.

Vasco da Gama llegó a Calicut, actual Kozhikode, con una pequeña flota de cuatro veleros, y unos 170 hombres.

En un principio, el zamorín, gobernante de Calicut, desconfió de los europeos, pero finalmente aceptó hacer un acuerdo comercial con Vasco da Gama.

Portugueses en África

Durante mucho tiempo, los portugueses no mostraron demasiado interés en África. Solo establecieron una red de puertos comerciales que facilitaban el comercio con la India. Sin embargo, pronto descubrieron las riquezas de la región (marfil, pieles y maderas) y para extraerlas se aliaron con jefes locales. Construyeron fuertes y poco a poco avanzaron hacia el interior del continente hasta que dominaron el comercio de esclavos.

Portugal instaló una serie de bases comerciales donde también se depositaban mercancías. Primero se alió con reyes y gobernantes de la región, pero luego los sometió.

Las bases comerciales portuguesas estaban protegidas por una poderosa flota de guerra que logró controlar el comercio a lo largo de la ruta.

A mar abierto

Los portugueses tenían la flota más preparada de la época y fueron los primeros en aventurarse a un mar desconocido en busca de nuevas rutas hacia la India. En el camino fueron estableciendo bases comerciales que les sirvieron para dominar la región.

Gama compró rcancías para llevar ortugal y demostrar e realmente había ado a las Indias.

Da Gama compró mercancías para llevar a Portugal y demostrar que realmente había llegado a las Indias.

Intermediarios ricos

La mayoría de los comerciantes europeos, especialmente los genoveses y venecianos, se acercaban hasta el norte del África (Egipto, Siria o el Líbano), donde los mercaderes árabes vendían productos provenientes de la India. Los europeos compraban estas mercancías y las vendían al resto de Europa. Este sistema comercial que enriqueció a muchas ciudades italianas duró hasta la caída del Imperio bizantino.

Los europeos y las especias

A mediados del siglo xi los europeos se habían acostumbrado a los ricos productos que llegaban desde Oriente, como las sedas, las porcelanas y las piezas de jade. Las especias como la pimienta, la nuez moscada, la canela, el clavo, el jengibre y el alcanfor movían enormes cantidades de dinero. No solo se usaban con fines medicinales, sino también para conservar las carnes durante el invierno.

Enrique el navegante

Hijo de Juan I de Portugal, fue un príncipe progresista que impulsó a su nación a convertirse en la más importante potencia naviera de su tiempo. Promovió el desarrollo de la tecnología de la navegación y la cartografía y se ocupó de la creación de un observatorio y una escuela para el estudio de la geografía y la navegación. Fue en esa época cuando los portugueses se aventuraron a recorrer las costas occidentales del África.

¿**Quién** fue Américo Vespucio?

Era un navegante de origen italiano que trabajó al servicio de la corona de Castilla y el reino de Portugal, una potencia naviera en aquel entonces. Según sus propios escritos, realizó cuatro viajes a las Indias, aunque solo uno de ellos ha podido comprobarse. Lo que se sabe con certeza es que él fue el primero en darse cuenta de que las Indias eran un continente nuevo, desconocido para los europeos.

Socio y aventurero

Vespucio se asoció con Gianotto Berardi, un empresario florentino que comerciaba con esclavos y financiaba los viajes de Cristobal Colón. Cuando Berardi murió, Vespucio quedó a cargo de la empresa y se convirtió en un rico mercader. Pero este navegante quería algo más: ya se había entrevistado con Colón y no estaba convencido de que las tierras descubiertas fueran asiáticas. Por eso, gracias a sus recursos e influencias, se incorporó a las expediciones que viajaban a las Indias.

Maestro de pilotos

En 1508 Vespucio fue nombrado por Fernando el Católico primer piloto mayor de la Casa de Contratación, una institución recién creada para fomentar y regular el comercio de la península con las Indias. En este cargo, Vespucio tuvo la tarea de instruir a los pilotos en el uso de los nuevos instrumentos de navegación, como el astrolabio y el sextante. También enseñaba a los aprendices las técnicas de pilotaje y el trazado de mapas.

Vespucio recorrió las costas del norte de América del Sur en agosto de 1499, siguiendo la ruta del tercer viaje que había hecho Cristóbal Colón.

Mundus Novus

A su regreso a España, Vespucio escribió alrededor de seis cartas dirigidas a Lorenzo de Pier Francesco. La más famosa de ellas fue escrita hacia 1503 y se conoció como *Mundus Novus.* En esta carta, el navegante explicaba la existencia de unas ricas tierras en las que ni las plantas ni los animales eran semejantes a los conocidos en Europa. También señalaba que aquellas regiones no eran parte de una isla y constituían un continente distinto de Asia.

Del nombre de América

Una copia de la carta *Mundus Novus* cayó en manos del poeta Matías Ringman, que decidió editarla. Para hacerla más atractiva, le pidió al cartógrafo Martin Waldseemüller que la ilustrara con un mapamundi. Así fue que en 1507 apareció una publicación en la que se veían las nuevas tierras en cuatro representaciones, todas muy distintas. Esta carta se reeditó en varias ocasiones y en todas ellas se decía que aquellas tierras se llamaban América en honor de su descubridor, Américo Vespucio, sin tener en cuenta que en realidad eran las mismas regiones que había descubierto Colón 15 años antes.

En sus relatos, Vespucio hablaba de tierras fértiles, propicias para el cultivo de árboles y la siembra de semillas. Afirmaba también que en la selva se escondían innumerables tesoros y que los mares escondían abundantes perlas.

A los europeos les llamó la atención que los nativos vivieran en casas hechas sobre estacas (o pilares) que sobresalían del agua, llamadas palafitos. Según se dice, esto le recordó a Vespucio la ciudad italiana de Venecia (por las casas construidas sobre el agua), y por eso llamó a esta región Venezuela (pequeña Venecia).

Los nativos resultaron pacíficos: vivían de la caza y de la pesca. Sin embargo, Vespucio relató en sus cartas que algunos de ellos eran caníbales.

Vespucio relataba que los nativos descansaban en hamacas hechas de redes que colgaban de los palafitos o de los árboles. Luego, las hamacas se hicieron muy populares en los viajes en barco.

Vespucio organizó su viaje inicial con Juan de la Cosa y Alonso de Ojeda, pero en algún momento del viaje, no se sabe cuándo, los tres marinos se separaron.

¿**Quién** dio la primera vuelta al mundo?

Fernando de Magallanes fue un navegante portugués que, al servicio de la corona española, se aventuró rumbo al océano Atlántico dispuesto a encontrar una ruta hacia las islas de las especias. Aunque él murió en Filipinas a manos de los nativos, sus hombres y una de las naves de su expedición lograron regresar a España desde el este. Era la primera vez que se daba la vuelta al mundo y se confirmaba la teoría de que la Tierra es redonda.

Tierra de gigantes
Bajando por las costas de América del Sur, la expedición llegó a Puerto San Julián (Argentina) en marzo de 1520. Tras serios conflictos con la tripulación, Magallanes decidió pasar el invierno allí antes de seguir hacia el sur. En esta región, los españoles conocieron a los nativos tehuelches que habitaban la zona y los llamaron patagones, y Patagonia a la región, porque según ellos se trataba de hombres gigantes con pies enormes.

El paso oceánico
A finales de octubre de 1520 Magallanes y sus hombres reanudaron la navegación. Por fin, divisaron una gran entrada del mar; una vez explorada, Magallanes supo que se trataba del ansiado paso oceánico y bautizó al estrecho con el nombre de Todos los Santos, después conocido como estrecho de Magallanes. Cruzar el estrecho le llevó más de tres semanas; olas heladas y permanentes temporales de viento azotaban las naves. Durante la travesía observaron que en la región sur había gran cantidad de fogatas; por eso, llamaron al lugar Tierra del Fuego.

El fantasma del escorbuto
Tras cruzar el estrecho de Todos los Santos, y ya en mar abierto, Magallanes subió por la costa chilena y finalmente viró hacia el oeste, adentrándose en el océano Pacífico. Tres meses duró la larga travesía y, en poco tiempo, los alimentos frescos comenzaron a escasear. El agua se pudrió y parte de la tripulación contrajo escorbuto. Se cuenta que los marineros cambiaban una moneda por una rata y que llegaron a hervir el cuero de sus zapatos para poder comerlo.

Tras una larga travesía de tres meses, el 24 de enero de 1521 la flota española llegó a una isla donde los indígenas la recibieron amistosamente.

Magallanes y sus hombres llegaron a Cebú y tomaron posesión de las islas en nombre de Carlos I, nuevo rey de España.

Durante varios días se realizaron oficios religiosos donde se bautizó a miles de nativos. El primero de ellos fue el cacique de Cebú, Humabón.

¿La segunda vuelta?

Francis Drake, que había sido nombrado corsario por la reina Isabel I, hizo en 1580 un recorrido semejante al de la expedición de Magallanes, probablemente con la intención de saquear naves españolas. A su regreso a Inglaterra inició una campaña para que se le reconociera el mérito de haber sido el primer hombre que diera la vuelta al mundo, ignorando el viaje que Elcano había completado tras la muerte de Magallanes. También afirmó haber descubierto Tierra del Fuego.

El viaje

Después de recalar en las Canarias, las cinco naves bordearon las costas americanas y cruzaron el estrecho que les permitió llegar al océano Pacífico. Desde allí siguieron hasta Filipinas. Tras la muerte de Magallanes, los tripulantes continuaron hasta las Molucas, se dirigieron al cabo de Buena Esperanza, perseguidos por los portugueses, y finalmente regresaron a España. Eran solo 18 hombres de los 260 que habían partido.

Tras una ceremonia religiosa, las islas que más tarde se conocerían como Filipinas fueron bautizadas con el nombre de San Lázaro.

Victoria fue una de las tres naves que llegó a Filipinas. Al terminar la travesía fue la única que regresó a Europa, al mando de Juan Sebastián Elcano, segundo de Magallanes.

Los nativos recibieron a Magallanes pacíficamente y le hicieron regalos para que llevara a su monarca.

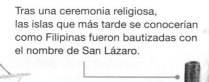

En la isla Mactán los nativos liderados por Lapu-Lapu no aceptaron someterse a la religión católica ni pagar tributos al rey. Los españoles los atacaron y, el 27 de abril de 1521, durante el enfrentamiento, Magallanes resultó muerto.

¿**Cuándo** se descubrió el Amazonas?

Amazonia, un mundo por descubrir
Hacia el siglo XVII se inició en la región del Amazonas un intenso movimiento de científicos atraídos por la enorme variedad de seres vivos. Henry Walter Bates fue un naturalista británico, especializado en el comportamiento de los animales que investigó en la región durante 11 años. En su estancia recolectó miles de insectos totalmente desconocidos para los europeos.

En 1540 se organizó desde Quito (Ecuador) una expedición hacia el imaginario *País de la Canela y Eldorado.* El capitán español Francisco de Orellana se unió a ella y se embarcó siguiendo el curso de los ríos Coca y Napo, y avanzó hasta que dio con un río caudaloso al que llamó Río Grande de las Amazonas. A su regreso a España fue nombrado gobernador de las tierras que rodeaban el río, a las que llamó Nueva Andalucía. Orellana volvió para recorrer el Amazonas desde su desembocadura hacia el interior, pero fue una expedición sin suerte, y murió sin concluirla.

Mujeres mitológicas
Los griegos decían que en las fronteras del mundo existía una tribu gobernada por mujeres guerreras llamadas *amazonas.* Aparentemente, aquellas mujeres eran descendientes de Ares, el dios de la guerra, y de la náyade Harmonía. Aunque en su tribu también había varones, las mujeres ejercían el poder administrativo en todos los temas relacionados con el gobierno. Los hombres solo cumplían las tareas domésticas y jamás participaban de las campañas militares.

Según las crónicas de la época, la embarcación de Orellana, llamada *Victoria,* fue atacada por feroces mujeres guerreras, semejantes a las amazonas de la mitología griega. Sin embargo, lo más probable es que se tratara de nativos con pelo largo.

En busca de Eldorado
Según los chibchas, en la actual Colombia existía un rico territorio en el que los templos y los palacios estaban hechos con ladrillos de oro. También se decía que los habitantes de aquel lugar vestían ropas confeccionadas con hilos dorados, y que era tan grande su riqueza que los nativos arrojaban piezas de oro a las aguas del lago para que sus dioses los vieran con buenos ojos. Los españoles se arriesgaron a recorrer los territorios más peligrosos para encontrar aquellas tierras, pero nunca las hallaron.

Los indios atacaban la embarcación desde la costa o desde canoas, con lanzas y flechas envenenadas. Lo que causó un elevado número de muertos en la expedición.

Orellana y sus hombres fueron los primeros europeos en cruzar el continente a través del río Amazonas.

Según los historiadores, Orellana era primo de Francisco Pizarro, célebre conquistador del Imperio inca. En una de las campañas por la conquista de Perú que realizó junto a su primo, Orellana perdió un ojo.

Los avatares de la expedición de Orellana se conocieron gracias a fray Gaspar de Carvajal, cronista de la expedición, en su *Relación del nuevo descubrimiento del famoso río Grande que descubrió por muy gran ventura el capitán Francisco de Orellana.*

Los exploradores recorrieron las aguas de los ríos Marañón, Trinidad y Negro y la desembocadura del Madeira, hasta dar con el brazo de un ancho río al que Orellana llamó Amazonas.

¿**Cómo** eran los viajes en galeón?

Entre los siglos XV y XVIII hubo un fluido intercambio de mercancías entre España y América. El transporte se realizaba en enormes naves de gran tonelaje: los galeones. Al comienzo de la conquista, los viajes eran irregulares, sin embargo, cuando se descubrieron las riquezas del Nuevo Mundo, el sistema de transporte debió organizarse. Surgió así la Carrera de Indias, un sistema de flotas que partían desde Sevilla una vez al año y regresaban, por la misma ruta, cargadas de riquezas.

Normalmente las naves mercantes eran lentas, ya que iban cargadas con metales preciosos. Estas naves imponían su ritmo al resto de la flota.

A la cabeza iba la nave capitana, donde viajaba la tripulación civil, y cerrando la formación, la nave almirante. Delante de la nave capitana solía viajar una pequeña embarcación de aviso que se adelantaba para anunciar la llegada de la flota.

Muchas veces se organizaban simulacros de ataque o combates para mantener a la tripulación en buen estado.

Todas las mañanas se realizaba un oficio religioso en el barco. Esta era la única distracción que tenían tanto los pasajeros como los tripulantes.

Las bodegas de los galeones llevaban los alimentos y las bebidas necesarios para toda la travesía.

Todas las naves estaban armadas con ocho cañones de bronce y cuatro de hierro.

Sobre algodones

Para aprovechar al máximo el retorno de las naves, desde España los galeones iban cargados con todo tipo de mercancía que se necesitara en el Nuevo Continente. Además de los objetos de lujo, como paños, encajes o vajilla, se trasladaban maquinarias, herramientas, manufacturas y azogues para la extracción de metales. También se trasladaban animales. Los caballos eran transportados con enormes cuidados.

Feria bulliciosa

Las flotas que llegaban a América eran recibidas con júbilo. Las autoridades locales subían a bordo junto a los recaudadores de impuestos, para revisar la carga y dar su aprobación. Entonces comenzaba la descarga de mercancías en largas caravanas de barcos cargueros. En el puerto se organizaban ferias que duraban más de un mes. Allí acudían los comerciantes para comprar y vender todo lo que se ofrecía, desde paños y vajilla provenientes de Europa hasta vino y tortas de maíz, propias de la zona.

Viajes de riesgo

Además de los piratas, los factores naturales propios del Caribe perjudicaban los viajes en barco y producían naufragios. En 1724 dos galeones (*Nuestra Señora de Guadalupe* y el *Conde de Tolosa*) fueron sorprendidos por un ciclón frente a las costas de República Dominicana. A bordo del *Tolosa* viajaban unas 600 personas. El casco se despedazó y solo quedó en pie el palo mayor, al que escalaron los 15 sobrevivientes que fueron rescatados 30 días después.

Todos los tripulantes, e incluso los pasajeros, llevaban armas y municiones para defenderse de posibles ataques piratas.

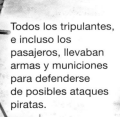

Los pasajeros recibían dos comidas al día. Al comienzo, la alimentación constaba de carne fresca, frutas y verduras. Hacia el final de la travesía, se comía lo que había: generalmente cecina, queso, aceitunas, legumbres y miel.

Contra los ataques piratas

Tras cruzar el Atlántico, las naves seguían distintos rumbos (hacia Veracruz, en México, o hacia Portobelo, en Panamá). Muchas ciudades americanas funcionaron como puntos de apoyo y se convirtieron en centros comerciales y puertos de embarque de los tesoros de la corona, como el caso de Cartagena de Indias (Colombia). Cartagena, que fue fundada en 1533, se convirtió en una de las ciudades más fortificadas del nuevo continente.

¿**Quiénes** eran los piratas, corsarios y bucaneros?

Los piratas parecen personajes novelescos, sin embargo, existieron y fueron crueles ladrones y asesinos que saqueaban todo lo que encontraban a su paso. Surgieron en tiempos remotos, cuando los barcos mercantes comenzaron a recorrer el Mediterráneo transportando valiosas mercancías. No obstante, sus desmanes no se quedaban en el mar: también atacaban villas y pueblos costeros.

Se llamó bucaneros y filibusteros a los piratas franceses, ingleses y holandeses que asolaron los dominios de España en América entre los siglos XVI y XVIII.

Los barcos piratas eran más bien pequeños y rápidos, ideales para un ataque sorpresa y una huida veloz. Estaban siempre preparados para el abordaje.

Carrera de Indias

A comienzos del siglo XVI las naves viajaban de manera aislada desde América hacia España y resultaban víctimas casi obligadas de los piratas y corsarios. A partir de 1526, la Casa de Contratación de Indias, que se encargaba del tráfico entre España y sus colonias, organizó flotas para que los barcos viajaran en grupos, protegidos por una nave capitana cuya tripulación iba armada. También se establecieron rutas más seguras. La actividad de los piratas fue cesando a medida que las colonias se organizaron y reforzaron la seguridad de sus puertos.

Piratas último modelo

Todavía hoy existen piratas que actúan, principalmente, en el sudeste asiático. Se trata de simples ladrones que atacan barcos mercantes o yates y veleros, y cuentan con sofisticados equipos de GPS (Sistema de Posicionamiento Global), que localizan las naves con la ayuda de satélites. Generalmente se acercan a su presa con botes de goma y atacan por sorpresa en la madrugada. Los rehenes son liberados en botes salvavidas y los piratas o se quedan con las naves, a las que pintan y luego venden, o piden un rescate a cambio.

Los piratas solían atacar los galeones que navegaban solos y preferían aquellos que transportaban mercancías preciosas desde América hasta España. También se quedaban con las armas y hasta los alimentos de sus víctimas.

Robar para la corona

Además de los piratas que asolaban los mares, las flotas tenían otro enemigo feroz: los corsarios. Se trataba de capitanes de embarcaciones privadas que contaban con una licencia o patente de corso que les daba el monarca de un país al nombrarlos *corsarios.* Esta licencia les autorizaba a atacar naves de un país enemigo y les obligaba a repartir sus ganancias con el soberano. Francis Drake fue nombrado corsario por la reina Isabel I de Inglaterra y se convirtió en el más temido en las colonias españolas de América.

Solían atacar los barcos en alta mar y robaban su carga. También pedían rescate por los pasajeros que se convertían en sus rehenes y, por supuesto, se apoderaban de la nave que abordaban.

Tesoros piratas

Los piratas solían refugiarse en las islas del Caribe, desde donde partían para hacer sus atracos. Sin embargo, no es cierto que guardaran sus tesoros en islas solitarias ni que contaran con mapas secretos marcados con una X. En general, los marineros gastaban sin control las riquezas que habían obtenido tras sus atracos. La romántica idea del tesoro escondido se popularizó a partir de *La isla del tesoro,* de R. L. Stevenson, una novela muy difundida a finales del siglo xix.

Un sello personal

La calavera y las tibias cruzadas son el símbolo universal de la piratería. Pero lo cierto es que a los piratas les encantaba ser reconocidos por sus «proezas». Por eso, la mayoría de los capitanes tenía una bandera propia. Cuando una nave estaba a su alcance, el capitán mandaba izar su bandera, que no solo anunciaba que se trataba de un ataque pirata, sino que también imprimía un sello personal al atraco. Algunas de ellas eran:

Barbanegra

Emanuel Wynn

Jack el Calicó

Thomas Tew

Los piratas actuaban en grupo, dirigidos por un capitán. Las ganancias de sus saqueos se dividían a partes iguales y cada uno era dueño de hacer lo que quisiera con lo recibido.

El capitán era quien daba la orden de izar la bandera, que se llamaba *Jolly Roger,* e iniciar el ataque. Muchas veces, la bandera servía como advertencia y los tripulantes de los galeones se rendían antes del abordaje.

Los piratas que usaban argollas en las orejas eran aquellos que alguna vez habían cruzado el Mar de las Tormentas (al sur del continente americano) o el sur del continente africano. El aro era símbolo de valor y temeridad.

¿**Quién** fue James Cook?

E ste navegante nacido en Inglaterra fue uno de los más grandes descubridores de todos los tiempos. Desde joven mostró interés por la navegación: a los 13 años se enroló como grumete en un barco carbonero y aprendió técnicas de navegación, cartografía y topografía hasta convertirse en un experto marino. En 1768, con el cargo de almirante, la corona le envió a explorar el océano Pacífico para observar el paso de Venus por delante del Sol, y también le encargó que buscara nuevas tierras en la región austral.

El almirante James Cook hizo remodelar un barco carbonero de 33 m (108 ft) de eslora para hacer su viaje. La nave pasaría a la historia con el nombre de *Endeavour,* que significa «esfuerzo».

Después de estar tres meses en Tahití, Cook y sus tripulantes viajaron a Nueva Zelanda. El almirante recorrió sus costas y las cartografió.

Al llegar a Australia, el *Endeavour* chocó con la Gran Barrera de Arrecifes y debió ser reparado para continuar el viaje. Los europeos se detuvieron en una bahía a la que llamaron Botany Bay, un sitio colmado de plantas desconocidas para ellos.

Entre los tripulantes del *Endeavour* había un grupo de científicos que recabaron información sobre todo lo descubierto en el lugar, desde plantas y animales hasta características de la etnia maorí: sus costumbres, su lengua, su alimentación, sus armas y su música.

En el barco viajaban naturalistas como Joseph Banks y Daniel Solander, encargados de la clasificación de los especímenes descubiertos, y dibujantes paisajistas como Buchan y Parkinson, que copiaban al natural las plantas, los animales y las personas que observaban. En una época sin cámaras fotográficas su tarea era fundamental.

Antártida escondida

En julio de 1772 Cook quedó al frente de una nueva expedición que tenía por objetivo completar los descubrimientos hechos en América del Sur y cartografiar lo que faltaba del hemisferio sur. Al mando de dos naves circunnavegó la Antártida sin percatarse de que allí había un continente. Debió abrirse camino entre enormes témpanos de hielo con la idea de llegar más al sur. Sin embargo, nunca logró avistar tierra firme. Aún así, su viaje fue productivo, ya que Cook conquistó para la corona británica una gran cantidad de islas que halló en su camino.

Los maoríes recibieron pacíficamente a los europeos, quienes pudieron comerciar con ellos para conseguir alimentos frescos. Cook, tras estudiar las costumbres de este pueblo, confirmó que practicaba el canibalismo.

La vuelta al mundo

Cook dio la vuelta al mundo: zarpó de Inglaterra, atravesó el Cabo de Hornos (América del Sur) y llegó a Tahití, donde construyó un observatorio para ver el paso de Venus delante del Sol. Luego partió hacia el sur en busca del continente más austral. Así fue como llegó a Nueva Zelanda, siguió hasta Tasmania y finalmente dio con Australia. Descubrió que estas eran islas separadas. Después regresó a Inglaterra. El éxito de su viaje no solo se debió a las tierras conquistadas, sino a sus valiosas observaciones etnográficas.

Animales fantásticos

Los expedicionarios que llegaron con James Cook a Australia se asombraron al descubrir una gran variedad de animales verdaderamente extraordinarios. Entre ellos había una «enorme rata» que avanzaba a gran velocidad con largos saltos. Los nativos la llamaban *gangurru*; se trataba del canguro. Se dice que Cook fue el primer europeo que vio a un canguro.

Cargas frescas

James Cook sabía que para mantener la salud de los marineros era fundamental la ingesta de alimentos frescos. De esta manera se evitaba el escorbuto, una enfermedad muy común en los largos viajes, causada por la falta de vitamina C. Para evitar que la tripulación enfermara, cada vez que bajaban a tierra firme, llenaban las bodegas con frutas frescas. Además, llevaban chucrut, vinagre y malta sin fermentar, y Cook obligaba a los tripulantes a consumir diariamente una ración de estos alimentos. Quienes se negaban a comerlos eran azotados.

¿**Cómo** se exploró Australia?

En 1770 James Cook tomó posesión de Australia en nombre de la corona británica. Entre 1801 y 1803 Matthew Flinders logró circunnavegar la isla, pero seguía siendo un misterio. En 1860 Robert Burke y William J. Wills se internaron en territorio australiano: partieron del sur —de Melbourne— con la intención de llegar al golfo de Carpentaria, al norte, en la expedición más célebre de su tiempo. Aunque estuvieron muy cerca de realizar la travesía, al llegar a una región de pantanos decidieron regresar. Burke y Wills murieron en el camino; solo un miembro de la expedición regresó con vida.

Colonia penitenciaria

En 1787 zarpó de Inglaterra una flota cargada de presos. Australia se convirtió en una gran colonia penitenciaria donde los presos no solo debían construir sus viviendas, sino también cultivar los campos y producir mercancías que se exportaban a Gran Bretaña. La colonia se estableció en Port Jackson —hoy Sidney—, y al pasar el tiempo aquellos presos se convirtieron en colonos.

El grupo estaba formado por 17 hombres liderados por Robert Burke y William J. Wills. Muchos de ellos desertaron y regresaron. Siete murieron en el camino y solo uno regresó con vida.

William J. Wills era un reconocido topógrafo y astrónomo británico que quedó como segundo de Burke cuando George Landells, un experto en camellos, desertó.

Además de alimentos, agua y leña, los expedicionarios llevaban una letrina portátil, bengalas, banderas, un gong chino y varios litros de ron.

Fiebre del oro

En 1851 Edward Hargraves descubrió oro en el sudeste del territorio australiano. Miles de aventureros de Gran Bretaña, Canadá, Estados Unidos y China viajaron a estas tierras en busca de fortuna. Como la población se triplicó en pocos años, el Parlamento de Australia debió crear leyes para regular el ingreso de extranjeros, y exigir el pago de altos impuestos a quienes trabajaban en las minas.

Agua en el desierto

Edward J. Eyre era un criador de ovejas que se internó en el desierto durante cuatro meses y medio en busca de algún río que solucionara los problemas de sequía que asolaban la zona. Eyre descubrió un lago, el más grande de Australia, que lleva su nombre, pero sus aguas eran saladas y en épocas de sequía se evaporaban.

En 1959 el Parlamento británico ofreció una recompensa de 2000 libras esterlinas para quien cruzara el continente de sur a norte. El superintendente de la policía Burke fue designado líder de aquel grupo.

Los británicos conocían muy bien la resistencia de los camellos en territorios desérticos; por eso optaron por llevarlos en esta expedición. Además de los 27 camellos iban 23 caballos.

Los expedicionarios llevaban varias toneladas de provisiones en varias carretas. Había alimentos y leña como para años de viaje. Sin embargo, tres de las seis carretas se rompieron poco después de la partida.

¿**Quién** fue Alexander von **Humboldt**?

Fue un explorador y naturalista alemán, considerado el padre de la geografía moderna y precursor de la espeleología. Recorrió las colonias españolas de América del Sur y México durante más de cinco años y realizó observaciones meteorológicas. También en ese viaje estudió la vida animal y vegetal y descubrió numerosas especies; exploró la Cueva del Guácharo (Venezuela); dibujó mapas geográficos y climáticos de la región, y estudió la formación rocosa de la zona. Se le considera uno de los científicos más completos de todos los tiempos.

En España

Antes de viajar a América, Humboldt y Bonpland estuvieron en Canarias en 1799. Allí se pusieron en contacto con las obras de los más destacados científicos de la Península y realizaron estudios botánicos y geológicos. Mientras esperaban el permiso del rey Carlos IV para viajar a las colonias americanas, pusieron a prueba sus instrumentos de medición. Al verlos, los campesinos creyeron que eran adoradores de la Luna.

Además de estudiar la geografía y la naturaleza, Humboldt analizó las costumbres de los pueblos nativos y cómo influyó la sociedad colonial española en ellos.

En plena selva amazónica, Humboldt y Bonpland establecieron un campamento desde donde recorrieron la región. Así descubrieron la conexión entre los ríos Orinoco y Amazonas.

Espía sin intención

Antes de regresar a Europa, Humboldt viajó a Estados Unidos, donde se entrevistó con el presidente Thomas Jefferson, que era aficionado a la geografía. Jefferson tuvo acceso a los mapas que Humboldt había dibujado en Nueva España, México, y que ingenuamente mostró. De esta manera, Jefferson pudo hacerse una idea de la riqueza de la región y de la debilidad del gobierno español en la zona. Esta información fue una ayuda más para que, poco después, Estados Unidos se apoderara de estas tierras, tras la guerra con México.

Los dos exploradores recolectaron más de 60 000 especies, muchas de ellas desconocidas en Europa. Humboldt estudió la relación entre la altitud de una región y el tipo de plantas que crecía en cada clima.

Dibujos explicativos

Humboldt y Bonpland enviaban continuamente muestras de sus hallazgos a Europa. Sin embargo, muchas de ellas se perdieron en el viaje. Gracias a los dibujos que Humboldt realizaba constantemente se pudieron conocer especímenes como el guácharo *(Steatornis caripensis)*, un nuevo género y especie de ave, y el mono «chucuto» *(Cacajao melanocephala)*. En la imagen, una de las numerosas obras en las que Humboldt y Bonpland escribieron entre 1799 y 1804 las conclusiones de sus viajes: *Viaje a las regiones equinocciales del nuevo continente.*

Una fuente de riquezas

Humboldt descubrió que los indígenas del Perú utilizaban el guano –excrementos fosilizados de las aves marinas– para fertilizar los campos de cultivo. Obtuvo muestras y las envió a Francia para su análisis. El guano resultó ser un excelente fertilizante y hacia 1840 ya se exportaba a los mercados europeos.

Aimé Bonpland era un naturalista de origen francés que acompañó a Humboldt en su viaje a América del Sur. Al regresar a Europa escribió una completa obra sobre las plantas descubiertas en la región.

Para recolectar las muestras debieron cargar con pesados instrumentos de medición, por lo que se trasladaron a caballo y a mula.

Muchos de los especímenes que se embalsamaban para enviar a Europa se extraviaban en el camino o se echaban a perder por no estar correctamente preservados.

¿**Qué** descubrió Darwin en sus viajes?

En 1831 el joven naturalista británico Charles Darwin se embarcó en el *Beagle* para cartografiar las costas de América del Sur y algunas islas del Pacífico. Pero también aprovechó para recolectar muestras de animales y plantas y tomar nota de sus observaciones. Descubrió así la enorme variedad de seres que habitaban las islas del sur y dedujo que los seres vivos están en continua transformación para adaptarse a su ambiente. Veinticuatro años después de su regreso, Darwin publicó la conclusión de sus estudios en *El origen de las especies por medio de la selección natural,* una teoría que cambió la mirada científica de la evolución de los seres vivos.

Los pinzones de Darwin

En las islas Galápagos (Ecuador), Darwin estudió 13 especies de pinzones que habrían evolucionado a partir de un ave granívora. Dedujo que de todos los pinzones que habían llegado a una isla donde las larvas eran muy abundantes, los que mejor se habían adaptado eran los que tenían pico largo, mientras que los otros habrían muerto al no conseguir alimento. Comprobó que de los especímenes que entonces veía se habían seleccionado los que mejor se adaptaban a cada ambiente; por eso, los picos mostraban tanta variedad de formas y tamaños. Estas eran algunas de las especies de pinzones estudiadas por Darwin:

Terrestre grande

Curruca

De los cactos

Vegetariano

Afeoreo meciano

Picamaderos

En los cinco años que duró el viaje, Darwin compartió su pequeño camarote con dos oficiales. Como no tenía mucho espacio, cada vez que atracaban en un puerto, se deshacía de las muestras de rocas, animales y vegetales que ya había estudiado.

En su camarote, Darwin llevaba un martillo de geólogo, un microscopio, recipientes, reactivos y diversos instrumentos de disección y taxidermia para la mejor conservación de los ejemplares que encontraba.

Darwin era un naturalista que tenía especial afición por la geología. Le interesaba cómo influían los cambios geográficos en los seres vivos. Por eso, coleccionó una importante cantidad de rocas.

Un viaje de estudios

El bergantín *Beagle* zarpó de Plymouth, Inglaterra, y recorrió casi todo el hemisferio sur. El plan era que el viaje durara dos años, pero finalmente se extendió a casi cinco en los que Darwin y su tripulación recorrieron unas 40 000 millas. Durante la expedición científica, Darwin no solo realizó observaciones sobre los seres vivos, también recogió datos geológicos y meteorológicos.

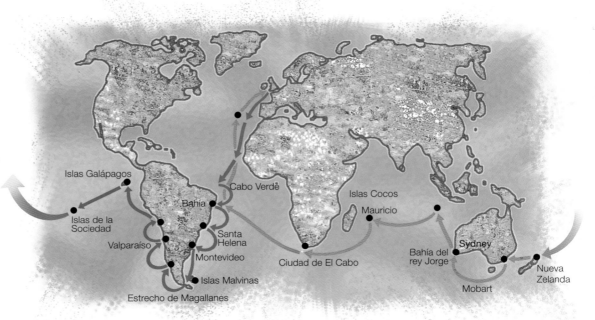

Islas Galápagos
Cabo Verde
Islas Cocos
Mauricio
Bahía
Islas de la Sociedad
Santa Helena
Valparaíso
Montevideo
Ciudad de El Cabo
Bahía del rey Jorge
Sydney
Nueva Zelanda
Islas Malvinas
Mobart
Estrecho de Magallanes

Fósiles vivientes

A partir de los restos fósiles de gliptodontes que encontró en América y de animales vivos como los armadillos, Darwin dedujo que entre esos animales extinguidos y los que vivían actualmente había una relación, y que cabía la posibilidad de que a lo largo del tiempo unos se hubieran adaptado a su medio mejor que otros para sobrevivir. Era la primera vez que se relacionaba a un fósil con un ser vivo de la actualidad.

En su camarote, Darwin practicaba la taxidermia y embalsamaba las especies extrañas que encontraba y que podían tener relación con algunos restos fósiles de animales.

Su viaje fue verdaderamente de carácter científico. Darwin pasaba muchas horas del día en su camarote estudiando y haciendo anotaciones de sus hallazgos en un diario personal de viaje.

También se dedicó a coleccionar ejemplares de animales marinos e intentó clasificarlos.

¿**Quién** exploró las fuentes del Nilo?

D urante mucho tiempo, África fue un continente inexplorado por los europeos. A partir del siglo XVIII muchos exploradores se aventuraron hacia su interior para trazar mapas. El origen del río Nilo era un misterio y descubrirlo se convirtió en el desafío de muchos expedicionarios que buscaban la gloria. Los científicos Richard Burton y John Speke fueron enviados por la Real Sociedad Geográfica para que el hallazgo quedara en manos británicas.

En 1858 Burton y Speke, en el medio de la tupida selva africana, se encontraron con un extenso lago de aguas vaporosas y más de 33 000 km^2 (12,700 mi^2) de superficie. Creyeron que habían llegado a las fuentes del Nilo. Burton llamó a este lago Tanganika, que significa «lugar de encuentro de las aguas».

John Speke estaba muy enfermo y prácticamente ciego por la insolación que le causaban las altas temperaturas. Viajaba a caballo guiado por los nativos.

Los europeos no solo llevaban provisiones sino también cuentas de cristal y cientos de metros de alambre para regalar a los jefes de las tribus que los ayudaran.

La selva y el lago Tanganika estaban plagados de sanguijuelas que se adherían a la piel de los viajeros y causaban infecciones.

El lago Tanganika se encontraba entre montañas, desfiladeros y barrancos abruptos, entre los que destacaba un estrecho sendero hecho por los nativos que habitualmente bajaban a sus costas.

Un encuentro en África

David Livingstone era un médico escocés que viajó al continente africano para cumplir su misión de médico y evangelizador. Viajó al sur para comprobar las afirmaciones de Speke, pero después de un tiempo las provisiones se acabaron, enfermó y se perdió todo rastro de él. Para encontrarlo, un diario estadounidense envió al periodista y explorador galés. H. Morton Stanley, quien lo halló en 1871 cerca del lago Tanganika. Es muy famosa la frase de Stanley en su encuentro: «Doctor Livingstone, supongo». Stanley y Livingstone exploraron este lago y confirmaron que no era el lugar buscado.

— Los viajeros debieron escalar y descender por senderos escarpados y traspasar territorios en donde los nativos se mostraban hostiles.

En un viaje anterior Burton había recibido heridas de lanza por parte de nativos somalíes. Estas heridas se le habían ulcerado y Burton tuvo que ser transportado en camilla.

Salvando obstáculos

Tres años después de su encuentro con Livingstone, dos periódicos le encargaron a Morton Stanley una nueva expedición en busca del nacimiento del Nilo. El explorador conocía muy bien la geografía del lugar, y organizó todo con sumo cuidado. Entre otras cosas convirtió su barco *Lady Alice* en una nave desmontable que podía ser cargada por porteadores nativos en las regiones innavegables.

Más de 100 porteadores nativos acompañaron a los exploradores británicos por lo que se llamaba la «ruta de los esclavos». Pero muchos de ellos murieron a causa de la malaria y la disentería.

Burton describió así la senda que transitaron: «Nadie puede figurarse lo que es ese sendero. Bajo una temperatura húmeda y caliente a la vez, la vegetación adquiere una fuerza excepcional. La hierba se eleva cerca de cuatro metros, adquiriendo sus tallos el grueso de un dedo. Los matorrales son tan espesos que la tierra desaparece, y es imposible franquearlos fuera del sendero».

El verdadero descubridor

Tras recorrer algunas zonas del lago, los expedicionarios británicos descubrieron que el Tanganika no era la fuente del Nilo, pero Burton estaba muy grave y no pudo seguir el viaje. Sí lo hizo Speke, que continuó solo hasta que dio en 1858 con un lago al que llamó Victoria, en honor de la reina de Inglaterra. Speke no recorrió la totalidad del lugar, pero supuso que ese era el verdadero nacimiento del Nilo, y con este hallazgo regresó a Inglaterra. Muchos otros exploradores siguieron el camino de Speke para corroborar sus afirmaciones.

Aunque era la primera vez que un europeo llegaba a esta región, los nativos la conocían bien, ya que habitualmente se acercaban a las orillas para cazar los hipopótamos y cocodrilos que se escondían entre los cañaverales.

¿**Cómo** se llegó al Polo Norte?

Desde tiempos antiguos, los inuit o esquimales poblaban las zonas heladas del Ártico. Sin embargo, llegar al Polo Norte era un desafío que nadie había alcanzado. Después de años de intentos y varias expediciones, los estadounidenses Robert Peary y Matthew Henson llegaron al Polo Norte el 6 de abril de 1909. Junto a ellos iban cuatro esquimales que conocían muy bien las características de aquella tierra tan inhóspita.

Antes de partir hacia el Polo Norte, los trineos fueron cargados con carne de foca, de osos polares y de carneros.

Los estadounidenses utilizaron el vapor *Roosevelt* para adentrarse en el océano Ártico. Desde allí, los expedicionarios viajaron unos 500 km (310 mi) por tierra hacia el cabo Columbia.

Fabricando un rompehielos

El *Roosevelt* era un barco a vapor que fue reacondicionado por el propio Peary para que funcionara como rompehielos. Sus laterales estaban reforzados con placas de madera que le sumaban unos 70 cm (27 in) a su espesor. Aunque tenía un motor a vapor, contaba con oscuras velas para conseguir potencia y velocidad en caso de emergencia. Tan buenos fueron los resultados que el *Roosevelt* se convirtió en la primera embarcación movida por sus propios motores a la que solo le faltaron unos 800 km (500 mi) para llegar al Polo Norte.

Alimentos para todos

Las bodegas del vapor *Roosevelt* iban repletas de carbón, carne de ballena, azúcar, harina y varias morsas que se conservaban gracias a las bajas temperaturas. Los alimentos debían repartirse cuidadosamente para que alcanzaran para todo el trayecto. Cada vez que llegaban a tierra firme se organizaban cacerías. Así se volvían a llenar las bodegas de alimentos frescos para la tripulación y también para los perros que tiraban de los trineos.

Peary y Henson se establecieron en un precario campamento de iglúes que construyeron los esquimales. En el mes de marzo de 1909, cuando terminaba la noche polar y comenzaban a vislumbrarse los primeros rayos del sol, los expedicionarios decidieron partir.

¡Dirigible a la vista!

En 1926 el ingeniero aeronáutico Umberto Nobile sobrevoló el Polo Norte con el dirigible *Norge,* que él mismo había diseñado. Le acompañaba el célebre explorador noruego Roald Amundsen. En 1928, Nobile volvió a cruzar el Polo Norte, esta vez en un dirigible hecho en Italia. El 25 de mayo, dos días después de atravesarlo, el dirigible se estrelló y los restos de la nave, junto con sus tripulantes, viajaron a la deriva sobre témpanos de hielo. Un mes después los sobrevivientes fueron rescatados.

Ropas de trabajo

Para poder sobrellevar la vida en temperaturas tan extremas como las del Ártico, los esquimales vestían una serie de prendas confeccionadas por sus mujeres. Se trataba de camisas de piel de ciervo, unas chaquetas llamadas parcas, hechas en gamuza y forradas en su interior con piel de zorro, medias de piel de liebre, pantalones de piel de oso y botas de piel de foca. También usaban unos guantes de piel. Según Peary, esta era la ropa más adecuada para el Ártico.

Los miembros de la expedición, en su mayoría esquimales, llevaron provisiones al campamento por medio de los kayaks, unas canoas hechas de madera y pieles.

Aunque la expedición contaba con muchos hombres, solo partieron 24, con 19 trineos y más de 130 perros. Se organizaron seis grupos, pero solo uno llegaría al Polo Norte.

La expedición de Peary utilizó como medio de transporte terrestre el trineo tirado por perros, muy usado por los esquimales. Además de provisiones, llevaron instrumentos de medición para poder dar con los 90°, el sitio exacto donde se encontraba el Polo Norte.

¿**Quién** llegó primero al Polo Sur?

A finales de 1911 dos grupos de exploradores se lanzaron a la aventura de conquistar el Polo Sur. Uno de ellos estaba liderado por el capitán británico Robert Scott, y el otro grupo, integrado por cuatro marinos que eran además experimentados deportistas, marchaba bajo las directivas del noruego Roald Amundsen. Los dos grupos llegaron al Polo Sur, aunque Amundsen lo hizo un mes antes que Scott.

Amundsen hizo teñir las tiendas de campaña de color negro. Sabía que, de esa manera, podrían visualizarse mejor en la nieve. Este color, además, tenía otras ventajas: absorbía mayor cantidad de rayos solares y de calor y resultaba menos hiriente a la vista.

Amundsen y los cuatro acompañantes (Hassel, Wisting, Bjaaland y Hanssen) llegaron al Polo Sur el 14 de diciembre de 1911.

¿Qué pasó con Scott?

La expedición de Scott parecía mejor preparada (llevaba trineos con motor y ponis para el transporte). Sin embargo, todo esto jugó en contra. Los animales no soportaron el rigor del frío y murieron congelados a los pocos días. Tampoco funcionaron los trineos motorizados. Esto significó que los cinco exploradores que siguieron hacia el Polo Sur debieron tirar de sus propios trineos para trasladar las provisiones, las tiendas de campaña y las herramientas. La decepción por haber llegado después que Amundsen, junto con varias tormentas de nieve, marcaron el trágico final: todos los miembros de la expedición murieron.

A más de 1000 km (600 mi) del Polo

Amundsen y sus hombres pasaron el invierno antártico en la base *Framheim,* donde se había montado una cabaña prefabricada. Desde allí, los expedicionarios realizaron varios viajes a la ruta que más tarde seguirían, para dejar depósitos con las provisiones y el combustible que necesitarían en el viaje definitivo, y también para clavar banderas que sirvieran de guía, ya que la niebla hacía muy complicado el avance.

Los cinco exploradores llamaron *Polheim* al Polo Sur y lo tomaron en nombre de su nación, Noruega. Como un hecho simbólico, clavaron juntos la bandera noruega en el sitio donde los instrumentos indicaban que estaba el Polo Sur.

A pesar de haber tenido muy mal tiempo en todo el recorrido, los últimos días del viaje fueron muy buenos y la temperatura llegó a los –23º (-9.4 °F).

Alimentos hipercalóricos

Además de leche en polvo, chocolate y galletas, los exploradores llevaban *pemmican,* un alimento altamente concentrado hecho con carne pulverizada de bisonte, alce o venado, mezclada con bayas desecadas y grasa animal. El *pemmican,* parecido a un pan, era el alimento que llevaban los esquimales del Polo Norte en sus largas travesías de cacería. Tanto los exploradores del Polo Sur como los del Polo Norte lo utilizaron como la base de su dieta.

La expedición de Amundsen solo llevó trineos tirados por perros Husky. Los trineos se mejoraron para lograr que fueran más livianos y veloces.

Esfuerzos que debilitan

Estudios actuales demuestran que una de las causas principales del fracaso de Scott fue que los miembros de la expedición se debilitaron demasiado por el esfuerzo de arrastrar los trineos. Esto hizo que perdieran un 20% de su peso durante el trayecto. Por el contrario, los noruegos habían ganado masa muscular, ya que no realizaron esfuerzos innecesarios.

¿**Quién** fue el príncipe
Lawrence de Arabia?

E n 1916 un príncipe árabe inició una rebelión contra el Imperio otomano, que ya llevaba más de cuatro siglos ejerciendo el poder en la región. El príncipe árabe buscó el apoyo del Imperio británico. Los ingleses, que querían dominar la región, enviaron fuerzas militares a cargo del general Edmund Allenby y a un joven historiador que hablaba el árabe y conocía muy bien Oriente Medio. Aquel joven era Thomas Edward Lawrence y su vida fue una aventura de película.

Lawrence apoyó la causa del príncipe Faysal, que buscaba liberar la región del poder turco, y le prometió la ayuda de su gobierno.

Los guerreros árabes eran expertos jinetes de caballos y camellos.

Los árabes atacaban sorpresivamente, causando terror entre los turcos. De esta manera, unos pocos hombres lograban dominar a muchos de sus enemigos.

Problemas de salud

En su infancia, Edward Lawrence se rompió una pierna. Este fue el comienzo de una serie de trastornos que afectaron a su crecimiento. Era de estatura baja, y su cabeza demasiado grande lo hacía parecer más bajo aún. Sin embargo, Lawrence superó sus limitaciones y se convirtió en un hombre fuerte, atlético y capaz de combatir junto a los guerreros del desierto, como deja patente el retrato que le hizo Augustus John.

Sin apoyo europeo

Faysal era hijo del rey de Hiyaz, Husayn ibn Ali. Fue el líder de la rebelión árabe que había iniciado su padre. Tras la recuperación de Hiyaz, tras derrotar a los turcos, Faysal peleó por la creación de un Estado árabe, pero las potencias europeas (Francia e Inglaterra) veían con desagrado cualquier tipo de emancipación y Faysal fue expulsado de Siria. Entre 1921 y 1933 se convirtió en el rey de Irak con el apoyo de Inglaterra.

Faysal, el tercer hijo del rey Husayn, era un hombre alto y aguerrido, líder entre los pueblos árabes. Lawrence consideraba que tras la victoria, debía ser él quien asumiera el cargo de rey, pero las potencias europeas no se lo permitieron.

A diferencia de los demás árabes, expertos en el uso de los fusiles, Lawrence era diestro en el uso de la pistola.

Tras la victoria en Damasco los turcos fueron vencidos por las tropas británicas y árabes, lideradas por Faysal y Lawrence.

Estudioso y espía

Lawrence estudió historia en la Universidad de Oxford. Realizó trabajos de exploración arqueológica en Siria y conoció íntimamente la vida del pueblo árabe. Al tomar Egipto, los británicos quedaron a cargo del canal de Suez, fundamental para su imperio en la India. Para vigilar la zona, enviaron a un grupo de arqueólogos y militares con la excusa de estudiar la huida del pueblo hebreo de Egipto. Lawrence era uno de aquellos arqueólogos espías.

Con la cámara al hombro

Lawrence había aprendido de su padre diversos oficios, pero el que más le fascinaba era la fotografía. Era un entusiasta aficionado que retrató el campamento de los guerreros y su marcha por el desierto. Años más tarde, incluso, fue enviado como espía a la Escuela de Fotografía de la Real Fuerza Aérea.

Ser y parecer

Lawrence vivió con los árabes y compartió con ellos sus costumbres. No solo usaba las vestimentas típicas de este pueblo, sino que también aprendió a montar y apearse del camello con una sola mano y al trote, y a disparar mientras avanzaba al galope. Así se ganó la confianza de las tribus nativas, que lo saludaban pronunciando su nombre «Orens».

¿**Qué** escondía la tumba de Tutankamon?

En 1922 el arqueólogo británico Howard Carter dio con la tumba intacta de Tutankamón, un joven faraón que murió hacia 1354 a. C., cuando tenía unos 18 años. Fue hallada en el Valle de los Reyes y formaba parte de la necrópolis más grande del mundo antiguo; estaba cerca de Tebas, la capital del Antiguo Egipto hacia 1550-1100 a. C., en la orilla occidental del río Nilo. En este yacimiento arqueológico también se encontraron numerosas tumbas de reyes y reinas, nobles y sacerdotes de aquel período, cuyos cuerpos embalsamados estaban adornados con ricas prendas y amuletos.

Sarcófagos sellados

El cuerpo embalsamado se ubicaba en el interior de un ataúd que se colocaba en el fondo del sarcófago de piedra. La cabeza se tapaba con una máscara y sobre el cuerpo se colocaban los amuletos, las joyas y armas del faraón. La momia era envuelta en un sudario de lino y se colocaba otra tapa que reproducía el rostro del dios Osiris. Sobre ella se apoyaba un collar y finalmente se cubría con un tercer sarcófago que reproducía los rasgos del faraón muerto. El sarcófago se tapaba con una losa de piedra y se sellaba.

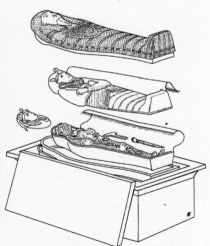

Las paredes estaban pintadas con frescos que recordaban acontecimientos de la vida del faraón y escenas religiosas con múltiples dioses.

La tumba de Tutankamón se encontraba debajo de la de Ramsés VI. Era muy complicado llegar hasta ella, y probablemente por este motivo nadie había podido encontrarla antes.

Cuando se abrió el sarcófago se descubrió que contenía otros dos sarcófagos más, uno dentro del otro. El interior era de oro con incrustaciones de turquesa, coral y lapislázuli.

Las vísceras del faraón muerto era lavadas y colocadas en cuatro tinajas llamadas *canopes.* En el canope con forma de halcón se ponían los intestinos; en el del chacal, el estómago; en el del mono, los pulmones, y en el que representaba al hombre, el hígado.

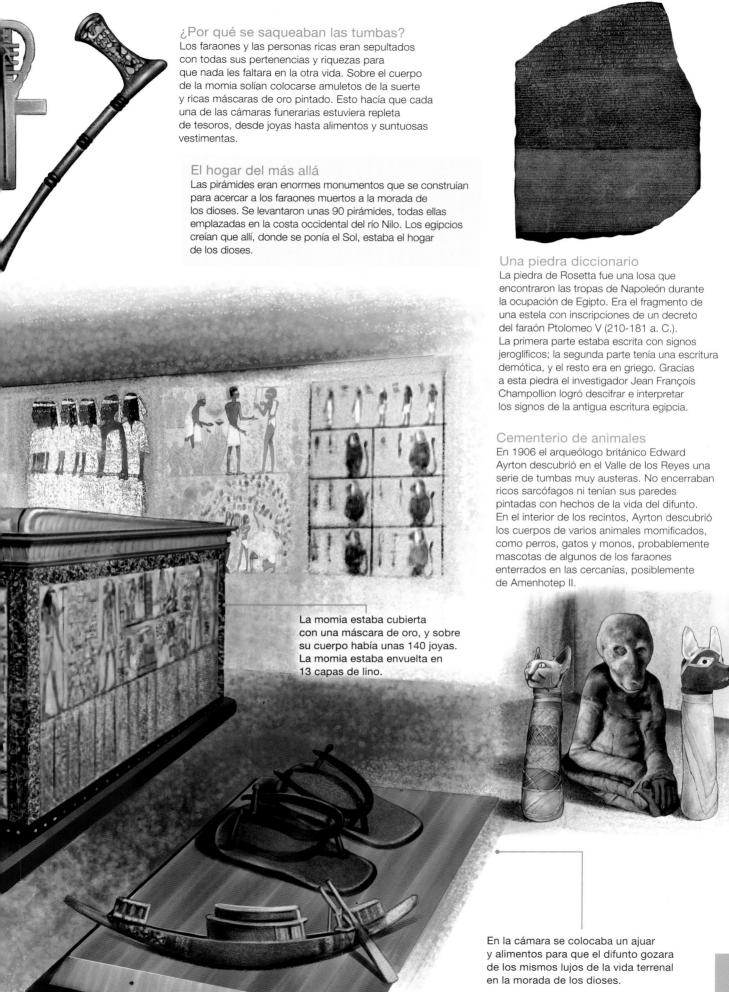

¿Por qué se saqueaban las tumbas?

Los faraones y las personas ricas eran sepultados con todas sus pertenencias y riquezas para que nada les faltara en la otra vida. Sobre el cuerpo de la momia solían colocarse amuletos de la suerte y ricas máscaras de oro pintado. Esto hacía que cada una de las cámaras funerarias estuviera repleta de tesoros, desde joyas hasta alimentos y suntuosas vestimentas.

El hogar del más allá

Las pirámides eran enormes monumentos que se construían para acercar a los faraones muertos a la morada de los dioses. Se levantaron unas 90 pirámides, todas ellas emplazadas en la costa occidental del río Nilo. Los egipcios creían que allí, donde se ponía el Sol, estaba el hogar de los dioses.

Una piedra diccionario

La piedra de Rosetta fue una losa que encontraron las tropas de Napoleón durante la ocupación de Egipto. Era el fragmento de una estela con inscripciones de un decreto del faraón Ptolomeo V (210-181 a. C.). La primera parte estaba escrita con signos jeroglíficos; la segunda parte tenía una escritura demótica, y el resto era en griego. Gracias a esta piedra el investigador Jean François Champollion logró descifrar e interpretar los signos de la antigua escritura egipcia.

Cementerio de animales

En 1906 el arqueólogo británico Edward Ayrton descubrió en el Valle de los Reyes una serie de tumbas muy austeras. No encerraban ricos sarcófagos ni tenían sus paredes pintadas con hechos de la vida del difunto. En el interior de los recintos, Ayrton descubrió los cuerpos de varios animales momificados, como perros, gatos y monos, probablemente mascotas de algunos de los faraones enterrados en las cercanías, posiblemente de Amenhotep II.

La momia estaba cubierta con una máscara de oro, y sobre su cuerpo había unas 140 joyas. La momia estaba envuelta en 13 capas de lino.

En la cámara se colocaba un ajuar y alimentos para que el difunto gozara de los mismos lujos de la vida terrenal en la morada de los dioses.

¿**Qué** fue la expedición Kon-tiki?

En 1947 un grupo de expedicionarios noruegos y un sueco, liderados por Thor Heyerdahl, navegaron por el océano Pacífico en una sencilla embarcación hecha con troncos de madera balsa, unidos por cuerdas. Su objetivo era probar que los indígenas de América del Sur habían contado con los medios para llegar a la Polinesia e instalarse en algunas de sus islas. La expedición partió de El Callao, Perú, el 28 de abril de 1947, y encalló en unos arrecifes coralinos frente a la isla Raroia, en la Polinesia, 101 días después.

Las materias primas

Para ser fiel a los modelos antiguos, Heyerdahl viajó al Ecuador en busca de troncos de madera balsa, unos árboles que en épocas prehistóricas crecían a orillas del mar. Heyerdahl tuvo que internarse en la selva, donde encontró todo lo que necesitaba para construir la embarcación: troncos, hojas de plátano, cañas de bambú y carrizos.

Los tripulantes construyeron una caseta con cañas y fibras de bambú, y la cubrieron con lonas. En el interior se guardaban, atadas, todas las cosas que debían preservarse de la intemperie.

La madera balsa fue una elección acertada, ya que se trataba de una fibra poco absorbente que eliminaba el exceso de agua muy deprisa.

La aventura continúa

En julio de 2007, en una embarcación hecha con juncos de totora, y con las técnicas que usaban los hombres de América en la Edad de Piedra, un grupo de científicos se lanzó a la aventura de cruzar el Atlántico. Los científicos salieron de Nueva York (Estados Unidos) con la intención de llegar a Tenerife.

Los troncos de la embarcación estaban unidos con sogas de cáñamo. No se habían utilizado clavos ni materiales de metal.

Naves faraónicas

Entre 1969 y 1970 Heyerdahl intentó demostrar que los egipcios podrían haber cruzado el Atlántico. Junto con un especialista en naves del antiguo Egipto fabricó una embarcación hecha con manojos de tallos de papiro. La nave, llamada *Ra,* no pudo lograr su cometido. Pero Heyerdahl no se dio por vencido y fabricó el *Ra II,* que salió de África y llegó a América tras dos meses de viaje.

La vela tenía en el centro el dibujo de Tiki, el dios del Sol en la mitología de la Polinesia.

Los tripulantes –Heyerdahl, Knut Haugland, Torstein Raaby, Herman Watzinger, Erik Hesselberg y Bengt Danielsson– se alimentaron de lo que lograron pescar durante la travesía, especialmente de peces voladores y tiburones.

La balsa avanzó en el mar sin más impulso que la fuerza de las mareas, el viento y las corrientes marinas. Así recorrió unos 7000 km (4,300 mi) en dirección este-oeste.

Atlantis

En 1984 un grupo de aventureros argentinos quisieron demostrar que los nativos africanos podrían haber llegado a América Central hace más de 3000 años y que estos fueron los que tallaron las cabezas olmecas de México, esculturas muy semejantes a las africanas. La embarcación *Atlantis* estaba hecha con madera balsa y su caseta de bambú era semejante a las chozas africanas. Partieron de Santa Cruz de Tenerife y llegaron a la Guayra, Venezuela, al cabo de 52 días de travesía.

El diseño de la balsa estaba inspirado en los modelos de las embarcaciones que usaban los indígenas de América del Sur antes de la llegada de los españoles.

¿**Cómo** se conquistó el Everest?

En 1953 John Hunt, un aristócrata británico, organizó una expedición al Tíbet con la intención de conquistar el Everest. Los expedicionarios trabajaron en equipo, realizando el ascenso por etapas. Instalaron bases para prepararse y adaptarse en cada una de ellas a las condiciones climáticas de un nuevo ascenso. Fueron avanzando en grupos, alternadamente, para dejar provisiones, tiendas y tubos de oxígeno para los demás. Uno de los grupos llegó a 100 m (300 ft) de la cúspide, pero debió retroceder. En el siguiente intento fueron Edmund Hillary y el sherpa Tenzing Norgay quienes finalmente alcanzaron esta cima del Himalaya el 29 de mayo de 1953.

Como un héroe

Edmund Hillary nació en Nueva Zelanda en 1919 y su conquista del Everest es una hazaña conocida en todo el mundo. En 1992 su país introdujo un billete de cinco dólares en el que se ve su rostro dibujado. Se trata de una de las pocas personas vivas que aparecen en el billete de una nación.

Mallory e Irving

En 1924 dos jóvenes montañistas se lanzaron a la aventura de conquistar el Everest. Sus nombres, George Mallory y Robert Irving, pasaron a la historia por haber sido los que tal vez llegaron primero a la cumbre del Everest, aunque jamás se pudo demostrar. Estos expedicionarios fueron avistados por última vez a los 8200 m (26,900 ft) de altura y luego desaparecieron tras un manto de nubes. En 1999, una expedición estadounidense halló sus cuerpos 100 m (300 ft) más arriba.

Al llegar a la cumbre, Edmund Hillary puso en alto su piolet (especie de pico de montañismo) en señal de triunfo.

Hillary y Tenzing permanecieron apenas 15 minutos en la cumbre. Estaban agotados y su provisión de oxígeno era escasa.

Los escaladores experimentaron distintas formas de recibir oxígeno. Finalmente optaron por un sistema de circuito abierto, en el que el oxígeno ya utilizado no se recicla, sino que se elimina.

Un monasterio de base

Los montañistas del grupo de Hillary establecieron el campamento base en el monasterio budista de Thyangboche, ubicado a más de 4000 metros (13,100 ft) de altura. Allí instalaron unas 20 tiendas de campaña y realizaron un período de entrenamiento y aclimatación que duró varias semanas. Diariamente, los expedicionarios ascendían y descendían para expandir sus pulmones y fortalecer su musculatura.

Tenzing Norgay era un miembro de la tribu sherpa. Era un experimentado guía tibetano que practicaba su aclimatación a las alturas subiendo y bajando grandes distancias con una mochila cargada de piedras.

Tenzing abrió un hoyo en la nieve y depositó una ofrenda de alimentos para los dioses del *Chomolungma,* o Everest, como lo conocían los europeos.

Montando campamentos

Los montañistas ascendieron por el glaciar Khumbu, a unos 5450 m (17,800 ft), e instalaron otra base. La siguiente meta fue una escarpada pared llamada Cascada de Hielo, a 5900 m (19,300 ft), donde comenzaron a sentirse los efectos de la altura (náuseas, visión nublada, palpitaciones y aturdimiento). Los que estaban en condiciones siguieron avanzando y establecieron bases a los 6400 m (20,900 ft), 7100 m (23,200 ft), 7600 m (24,900 ft), 8000 m (26,200 ft) y 8748 m (28,700 ft). Desde allí se aventuraron hacia la cumbre.

Everest 8850 m (29,000 ft)

Campamento V, 8500 m (27,800 ft)

Collado Sur

Campamento IV , 7986 m (26,200 ft)

Franja amarilla

Espolón de Ginebra

Pared sudoeste

Campamento III, 7200 m (23,600 ft)

Campamento II, 6400 m (20,900 ft)

Valle del silencio

Campamento I, 6100 m (20,000 ft)

Serac del Khumbu

Campamento Base, 5340 m (17,500 ft)

Otra hazaña

En 1978 y en 1980 el alpinista italiano Reinhold Messner desafió al Everest, y en los dos casos alcanzó la cumbre. En 1978 lo hizo junto con Peter Habeler, y en 1980, solo. Pero a diferencia de otros escaladores, en las dos oportunidades Messner no utilizó bombonas de oxígeno en ningún tramo del recorrido. Fue una verdadera proeza, aunque muy arriesgada, ya que la falta de oxígeno, propia de las grandes alturas, podría haberle ocasionado daños cerebrales irreversibles. Messner es hoy una leyenda del montañismo.

La historia de un nombre

La montaña más alta del mundo se encuentra en la cordillera del Himalaya, entre el Tíbet y Nepal. Los nativos la llaman *Chomolungma* o *Qomolangma Feng* (que significa «diosa madre del universo»), pero fueron los británicos los que le dieron el nombre con que el mundo entero la conoce. Fue bautizada Everest por un topógrafo británico que quiso homenajear al primer hombre occidental que midió su altitud, el coronel George Everest.

¿**Qué** actividades se realizaban en el Calypso?

El *Calypso* fue la nave insignia del reconocido científico oceanográfico francés Jacques Cousteau. A bordo de la embarcación no solo había laboratorios de investigación, sino también un helipuerto y una grúa que permitía el descenso de pequeños sumergibles. Los tripulantes del *Calypso* tenían varias funciones dentro de la nave y podían colaborar como científicos, fotógrafos, mecánicos o simples marineros. En este barco Cousteau y sus hombres recorrieron desde 1951 hasta 1996 todos los mares del mundo y una gran cantidad de ríos, descubrieron numerosos tesoros hundidos y exploraron el hasta entonces misterioso mundo submarino.

Como todo barco de investigación, el *Calypso* contaba con una grúa, pero esta se usaba para bajar a las profundidades otro de los grandes inventos de Cousteau: un sumergible biplaza con forma de platillo, llamado «platillo buceador S.P.350».

Los buzos utilizaban un sistema inventado por Cousteau para respirar bajo el agua: el *aqua-lung,* un dispositivo que proporcionaba oxígeno a los submarinistas y les daba autonomía para moverse.

El helicóptero se utilizaba para filmar el trabajo del barco desde las alturas y también para trasladar a la tripulación a los puertos más cercanos.

Los buceadores del *Calypso* eran expertos fotógrafos y camarógrafos. Gracias a la invención de cámaras sumergibles y de los *flashes* electrónicos, se pudieron filmar y fotografiar los descubrimientos que hacían.

Jacques Cousteau capitaneó el *Calypso* durante más de 40 años. Junto con su equipo exploró el ecosistema marino y difundió sus conocimientos en documentales para la televisión y el cine.

Por un mundo sostenible

Existen miles de organizaciones en el mundo que impulsan modelos de desarrollo sostenible. Estas organizaciones velan por la preservación del medio ambiente, promocionan los recursos energéticos no contaminantes y la conservación de la diversidad biológica del planeta. Generalmente se financian con donaciones o aportes voluntarios. También organizan campañas contra la caza de especies en peligro de extinción y la tala indiscriminada de bosques y selvas en el mundo.

El *Calypso* era originalmente un dragaminas —barco para buscar y eliminar las minas que se habían lanzado al mar durante la Segunda Guerra Mundial—. Una vez acondicionado, funcionó como base de operaciones, laboratorio, helipuerto y hogar de unos 28 tripulantes.

Bajo la superficie del mar, el *Calypso* tenía una «falsa nariz», una especie de extensión terminada en forma de esfera con ojos de buey que permitía observar la vida submarina en directo.

Otros «Calypsos»

Existen numerosos barcos de investigación en el mundo. Todas estas naves son laboratorios flotantes que estudian las características de las aguas del planeta (concentración de sal, nivel de pureza o de contaminación, temperaturas, cantidad de oxígeno y de nutrientes, corrientes marinas). Estos barcos cuentan con laboratorios que guardan y analizan las muestras del agua y una sala de cómputos encargada de procesar la información continuamente. Todos los barcos de investigación cuentan con grúas que bajan y luego recuperan una roseta con botellas de acero que se lanza a diferentes profundidades para conseguir las muestras.

Otro invento de Cousteau

El *Alycione,* también llamado turbovela, es una extraña embarcación creada por el oceanógrafo. Se caracteriza por tener un par de largas torres en cuyo interior hay ventiladores que actúan como las velas de un velero, pero con mayor fuerza de empuje. Estas torres permiten una entrada de aire fluido y logran que los motores diésel consuman entre un 30 y un 35% menos de combustible.

¿Quién era Calipso?

En la célebre *Odisea* de Homero, Calipso era una ninfa, hija del titán Atlas, que gobernaba en la isla de Ogigia. Tras un naufragio, Ulises, el rey de Ítaca, llegó hasta su hogar y ella, enamorada, le hospedó y le ofreció la inmortalidad. Ulises vivió allí contra sus deseos durante varios años hasta que Zeus ordenó a Calipso que le dejara partir.

¿**Cuándo** llegó el hombre a la Luna?

En 1969 el mundo se asombró al ver que un astronauta llegaba a la Luna. Era la primera vez que un ser humano pisaba un cuerpo espacial distinto a la Tierra. Los astronautas, de origen estadounidense, viajaron en la nave *Apolo 11* y alunizaron el 20 de julio de ese año. Este hecho fue televisado en vivo gracias a un dispositivo que tenía el módulo lunar.

Misiones Apolo

A mediados de 1960 la agencia espacial norteamericana NASA dio inicio al programa Apolo. Se trataba de una misión que tenía como objetivo llevar al hombre a la Luna y estudiar su suelo. Las numerosas misiones previas al alunizaje permitieron orbitar a la Luna con y sin tripulantes. El programa terminó en 1972 con la misión *Apolo 17*. Durante el desarrollo del programa, seis misiones llegaron a la Luna y doce astronautas pisaron la superficie lunar.

El vehículo fantástico

Durante las tres últimas misiones del programa Apolo, los astronautas contaron con un vehículo especialmente preparado para transitar en la Luna. El Rover lunar era un coche eléctrico plegable que transportaba a los astronautas y su equipo a una velocidad de unos 15 km/h (9 m/h), a la vez que filmaba con una cámara de televisión.

El módulo debía bajar en un sector de la Luna que resultó demasiado rocoso. Para evitar riesgos, el módulo planeó hasta encontrar un lugar más propicio. Antes de descender, los astronautas necesitaron dos horas para comprobar que todo funcionara correctamente.

Estados Unidos y la entonces Unión Soviética peleaban por la conquista del espacio. Los astronautas americanos fueron quienes lograron llegar primero a la Luna; por eso, colocaron su bandera como símbolo del triunfo de su país.

Neil Armstrong fue el primer hombre que pisó la superficie lunar. Al descender del módulo se comunicó con la Tierra y pronunció una histórica frase: «Es un pequeño paso para el hombre, pero un salto gigante para la humanidad».

Ida y vuelta a la Luna

El *Apolo* fue lanzado al espacio por medio del cohete *Saturno 5*. Tras entrar en la órbita terrestre los motores dispararon la nave hacia la Luna. Ya en su órbita, el módulo lunar se separó del módulo de mando y descendió en lo que se llama el Mar de la Tranquilidad. El regreso de los astronautas resultó sencillo: después de despegar de la Luna, el módulo lunar se acopló con el de mando. Este último, con los tres astronautas, salió de la órbita lunar hacia la Tierra y cayó en el océano Pacífico, donde fue rescatado el 24 de julio.

El módulo lunar pisó la Luna cuatro días después de despegar de la Tierra. Contaba con luz para iluminar el sector de trabajo, radares para la comunicación con la Tierra y un pequeño motor para el control de vuelo.

El módulo lunar no tenía asientos y solo contaba con espacio para dos tripulantes.

Las patas del módulo tenían protectores semiesféricos que evitaban que la nave se hundiera en el polvoriento terreno lunar.

Los astronautas trabajaron en la Luna durante dos horas. En este tiempo, reunieron muestras de polvo y roca, sacaron fotografías y colocaron dispositivos para medir el viento solar, y un sismógrafo.

Los tres primeros

Los astronautas que pisaron la Luna fueron Neil Armstrong (izquierda) y Edwin Aldrin (derecha). Michael Collins (centro) se quedó orbitando alrededor en el módulo de mando, única parte que regresó a la Tierra. Los astronautas fueron recibidos como héroes, pero debieron esperar para celebrar su llegada, ya que estuvieron en cuarentena durante tres semanas con el fin de evitar que partículas lunares pudieran contaminar la Tierra.

El explorador robótico

Los *Lunokhod* fueron dos vehículos exploradores robóticos que enviaron los rusos a la Luna. Eran máquinas que, dirigidas desde la Tierra, exploraron, fotografiaron e hicieron numerosas pruebas en regiones desconocidas de la Luna. El *Lunokhod 1* estuvo en la Luna casi un año, hasta que se le acabó la batería. Dos años después se envió otro vehículo semejante que logró recorrer unos 37 km (22 mi) en cuatro meses.

¿**Cómo** es el traje de buceo?

Se trata de una prenda que protege al buzo del frío del agua y mantiene su temperatura corporal. Es un traje flexible que se adapta al cuerpo del buceador y, según el espesor del material con que está hecho, le permite trabajar con mayor comodidad. Hay trajes de buceo que son enteros y otros que se componen de dos piezas. Algunos son herméticos, ideales para aguas muy frías; otros tienen piernas y brazos cortos, para las aguas más templadas.

Las gafas permiten ver con claridad bajo el agua. Están hechas generalmente de silicona, un material flexible que se adapta eficazmente al contorno de la cara y evita que entre agua a los ojos y la nariz.

Las aletas son largas y flexibles, con forma de pata de rana. Permiten aprovechar al máximo el movimiento de las piernas del buzo al facilitar el desplazamiento bajo el agua.

La boquilla regula la entrada del aire o de la mezcla de gases que hay en la bombona, de acuerdo con la presión a la que está sometido el buzo en ese momento.

El chaleco compensador se infla o se desinfla para ofrecer mayor o menor flotabilidad. Es un elemento de seguridad que se infla en segundos ante una emergencia. Posee ganchos y bolsillos para que el buzo transporte sus herramientas de trabajo.

Para la confección de trajes se utilizan materiales sintéticos como neopreno, caucho y *lycra*. Los trajes para aguas cálidas pueden tener un espesor de 3 mm (0.11 in), y los que se utilizan para aguas frías, de 5 mm (0.19 in).

La escafandra de Siebe

En 1855 un científico alemán llamado August Siebe construyó la primera escafandra de buceo con forma de casco. Era de bronce, tenía una mirilla al frente y a los lados, y se atornillaba a un peto, también de bronce. El peto se unía a un traje de cuero que cubría el cuerpo del buzo y terminaba con unos zapatones de plomo. El aire llegaba desde la superficie por un tubo de goma.

Una historia sumergida

Desde los tiempos de Alejandro Magno, los inventores trataron de idear mecanismos para la inmersión de los buzos. En 1715 John Lethbridge construyó un cilindro hermético en el que entraba una persona acostada. En su base tenía una mirilla y unos guantes de cuero para que el buceador utilizara sus manos para trabajar. Con este artefacto, Lethbridge recuperó piezas de barcos hundidos. Poco después, Edmond Halley construyó una enorme campana en cuyo interior había bancos donde los buzos se sentaban. Estos llevaban unas botellas de aire de las que aspiraban y luego salían a bucear a poca profundidad sin ninguna otra protección.

Las bombonas de oxígeno son unos recipientes cilíndricos de acero o de aluminio que almacenan aire comprimido. Mediante el regulador, el buzo aspira la cantidad necesaria de aire y elimina el dióxido de carbono.

Vida bajo el agua

Durante la década de 1950 se construyeron varios laboratorios submarinos en los que grupos de científicos estudiaron el comportamiento del hombre al ser sometido a las altas presiones del fondo marino. Estos trabajos permitieron fotografiar y grabar las grandes profundidades y hacer pruebas con distintos instrumentos. Hoy día estas estaciones permiten que los submarinistas pasen varios meses sin necesidad de salir a la superficie.

Algunos modelos de traje poseen refuerzos en los codos y las rodillas como protección extra contra golpes, raspaduras y heridas.

Grandes nadadores

En la Antigüedad, los buceadores se sumergían en el mar Mediterráneo en busca de esponjas, corales y perlas que luego vendían. Como no contaban con aparatos ni dispositivos, a veces se ataban piedras en la cintura para descender más deprisa. Se mantenían sumergidos el tiempo que pudieran contener el aire. Esta práctica se llama inmersión en apnea.

¿**Cómo** se explora el fondo del mar?

E n 1872 la corbeta *Challenger* salía de Inglaterra con una misión científica. El objetivo era explorar los mares del mundo y descubrir cuál era la profundidad de los océanos, cuáles eran los niveles de salinidad y si había vida en los abismos. A bordo iba el profesor Charles Wyville Thomson, su asistente John Murray y varios científicos más. Aquella fue la primera misión que tuvo como único objetivo el estudio de los mares.

Exploración submarina hoy

A lo largo del tiempo, muchos barcos se han hundido en las profundidades marinas dejando enterrados numerosos tesoros de otras épocas. Por eso, los arqueólogos submarinos y los buzos realizan expediciones en busca de estas valiosas piezas. Los arqueólogos dividen los sectores en una cuadrícula, sacan fotos y retiran con cuidado las piezas halladas. Cuentan con enormes aspiradores de sedimentos que facilitan el trabajo de búsqueda sin enturbiar las aguas.

Thomson y los demás científicos clasificaron y describieron más de 4000 especies marinas. Sus trabajos constituyeron la base de la oceanografía como ciencia.

Rumbo a los abismos

En 1953 el batiscafo *Trieste* llegó al punto más profundo que hay en los océanos. Se sumergió hasta los 10 900 m (35,700 ft) en la Fosa de las Marianas (en el océano Pacífico) y pudo distinguir que en estas aguas heladas y oscuras había seres vivos. El *Trieste* llevaba 16 toneladas de lastre (bolas de hierro) para descender sin esfuerzos, y sus paredes gruesas, de aleaciones resistentes, permitían soportar una enorme presión sin deformarse ni partirse. El *Trieste* permitió ver un lugar del planeta nunca antes explorado.

Los exploradores establecieron más de 350 estaciones biológicas donde realizaron extracciones y mediciones.

Los científicos y marineros del *Challenger* utilizaron dragas para tomar muestras del fondo oceánico del Pacífico, el Atlántico y el Índico.

Un robot sumergible

En 1912 el transatlántico más grande y lujoso de su tiempo, el *Titanic,* chocó contra un iceberg en su viaje inaugural y se hundió en el mar. En 1986, desde el batiscafo *Alvin,* se envió un robot sumergible –el *Jason Jr.*– que entró en el *Titanic* y lo fotografió. Se logró así ver los restos del naufragio, que habían permanecido ocultos durante años.

Al mar en platillo

En 1959 el científico y explorador Jacques Cousteau y el ingeniero Jean Mollard crearon un pequeño submarino biplaza. El artefacto, llamado «platillo buceador S.P.350», era un sumergible con la forma de una esfera aplanada de color amarillo, que podía sumergirse hasta los 350 m (1,148 ft) con sitio para dos personas a bordo. Con este platillo se podía filmar y hacer experimentos en zonas de difícil acceso.

Vida abismal

Los animales que habitan las profundidades marinas son muy distintos a los que vemos en las pescaderías. Algunos, por ejemplo, tienen espinas muy largas y un órgano luminoso en el extremo de su cola con el que atraen a sus presas. Poseen mandíbulas enormes, con dientes como agujas y aspecto de monstruos en algunos casos. En los abismos vive también el calamar gigante, que puede superar los 20 m (65 ft) de largo.

El *Challenger* contaba con un laboratorio de química y otro de biología. Además, estaba equipado con los más modernos instrumentos de la época. Su viaje duró cuatro años y constituyó la expedición científica más larga de su tiempo.

Se tomaron muestras de agua de distintas zonas de los océanos para comprobar su salinidad. También se midió la temperatura de las aguas a diferentes alturas.

A partir de muestras de animales y plantas se descubrió que los abismos estaban habitados por seres muy extraños, adaptados a la oscuridad y al frío de las profundidades.

¿**Qué** buscan los arqueólogos?

El trabajo de los arqueólogos se parece bastante al de los detectives. Investigan cómo evolucionó la vida de la humanidad desde sus orígenes, a través de los restos humanos de otros tiempos y de las huellas de los productos de su cultura: utensilios, monumentos, registros de escritura, elementos usados en ritos y ceremonias... A partir de los datos que encuentran en estos restos, los arqueólogos reconstruyen el pasado de las personas, de las civilizaciones y sus costumbres.

Capa sobre capa

Los arqueólogos excavan el yacimiento en estratos, es decir, a distintas profundidades. Cada uno de los estratos corresponde a una determinada época del pasado. Los estratos superiores son los más modernos, y los inferiores, los que tienen más antigüedad. En una misma zona puede haber hallazgos que correspondan a diferentes épocas, es decir, que están ubicados a diferentes profundidades. Los propios movimientos de la Tierra pueden hacer que los estratos se mezclen o se desordenen.

En busca de restos arqueológicos

Los arqueólogos utilizan fotografías aéreas para descubrir los yacimientos. Generalmente, en las regiones donde hubo asentamientos, el relieve muestra una marcada diferencia de nivel, en su vegetación o en el color del suelo.

Se traza una cuadrícula para poder sectorizar correctamente el yacimiento, es decir, el lugar donde se realizaron los hallazgos.

El arqueólogo debe anotar toda la información de sus hallazgos: desde sus características hasta la profundidad en que fueron encontrados.

Los objetos se clasifican y se indica en qué sector de la cuadrícula y en qué estrato fueron hallados. Luego se llevan al laboratorio, donde se los somete a pruebas para comprobar su antigüedad.

Cuando un arqueólogo da con una pieza, utiliza cepillos de cerdas suaves para retirar los restos de tierra que la cubren. De esta manera puede observar claramente la forma y el tamaño del objeto, además del material del que está hecho.

La tierra que se saca de la excavación es de nuevo revisada en busca de objetos pequeños que no se hayan visto antes.

Las piezas se miden y se pesan. Todo dato relevante le aporta información al arqueólogo.

Científicos y artesanos

Los antropólogos son especialistas en el estudio de los restos humanos. Por medio de diversos métodos pueden conocer la antigüedad de los objetos hallados y también son capaces de reconstruir un rostro utilizando el cráneo como molde. Así es posible trazar los rasgos, por ejemplo, de un faraón enterrado hace miles de años.

La zona y las piezas halladas se fotografían y se dibujan.

¿**Qué** son los satélites?

Los satélites son aparatos que se lanzan al espacio y orbitan alrededor de un cuerpo celeste, generalmente la Tierra. Hay distintos tipos de satélites, según las funciones que cumplen. Sin embargo, todos cuentan con tres sistemas: de producción de energía –como paneles solares que generan electricidad a partir de la energía de la luz del sol–, de captación de imágenes o de detección y transmisión de datos. Además, cuentan con impulsores que los mantienen en la órbita deseada.

Para seguir de cerca a los animales que estudian, los conservacionistas les colocan pequeños transmisores que emiten una señal que puede ser captada por los satélites. Gracias a esto se puede saber el curso de las migraciones y comprender mejor el comportamiento de algunas especies.

Teorías disparatadas

En 1609 el italiano Galileo Galilei supo de la invención del telescopio, un aparato que permitía ver de cerca los objetos que estaban muy lejos. Galileo lo mejoró y logró observar el cielo. Descubrió las montañas y los cráteres de la Luna, cuatro de los satélites de Júpiter y la composición de la Vía Láctea, y comprobó que la Tierra se movía y giraba alrededor del Sol. Esto le valió la condena de la Iglesia y debió retractarse de sus dichos.

Hay satélites militares que pueden detectar arsenales enemigos y el transporte de armas nucleares. Gracias al GPS (Sistema de Posicionamiento Global) es posible determinar la ubicación exacta de un objeto, una persona o una nave en cualquier lugar del planeta.

Los satélites ofrecen una visión exacta de cada rincón del planeta y gracias a ellos se pueden diseñar mapas de gran precisión, observar las condiciones del suelo y localizar zonas para la construcción de caminos y rutas. También permiten a los marinos conocer las condiciones de navegabilidad de los mares.

Gracias a los satélites de telecomunicaciones recibimos señales de televisión, de radio y de teléfono. Estos satélites captan las señales que emiten las estaciones terrestres y las reenvían a otra parte del planeta en el que se encuentran las estaciones de recepción. Gracias a los satélites podemos ver qué pasa en cualquier lugar del mundo en el instante en que está sucediendo.

Viajeros silenciosos

Las sondas son dispositivos robóticos que se lanzan al espacio con cohetes o transbordadores y pueden estudiar lugares muy lejanos, como planetas, asteroides y cometas. Algunas orbitan sobre determinado cuerpo celeste fotografiando y analizando, por medio del espectro, la composición de las rocas y la atmósfera cercana. Pero también hay sondas de aterrizaje, que se posan sobre una superficie y realizan estas mismas tareas. Todos los planetas del sistema solar han sido estudiados mediante el uso de sondas espaciales.

El origen

El punto de partida de los satélites está muy ligado al desarrollo armamentístico. Se considera como fecha de origen 1945, cuando en plena Segunda Guerra Mundial los alemanes lanzaron los destructivos V-2 contra los británicos. Un año después, los investigadores comenzaron a usar estos cohetes para realizar mediciones de la atmósfera y, posteriormente, para explorar el espacio.

Grandes observatorios

El *Hubble* es un telescopio robótico que funciona como un observatorio y está ubicado fuera de la atmósfera terrestre.
Gracias al *Hubble* y otros observatorios de este tipo, se pueden apreciar claramente las características de los planetas, el nacimiento de las estrellas y hasta regiones de nuestra galaxia donde podría haber agua.

Los satélites científicos analizan los fenómenos de la atmósfera y también lo que sucede en la Tierra. Estudian las catástrofes naturales (erupción de volcanes, inundaciones, tornados y huracanes) y permiten evaluar sus consecuencias.

¿**Cómo** vive un astronauta en el espacio?

La vida en el espacio exterior es muy distinta a la de la Tierra: no hay aire, las temperaturas son extremas (varían entre los 100 °C y los –100 °C [212 °F y -148°F]), hay una gran radiación y vuelan muchas partículas que van a tal velocidad que pueden perforar una plancha de metal. Por eso, para salir al exterior, los astronautas usan un traje especial que crea un ambiente semejante al que existe dentro de una nave o en la Tierra.

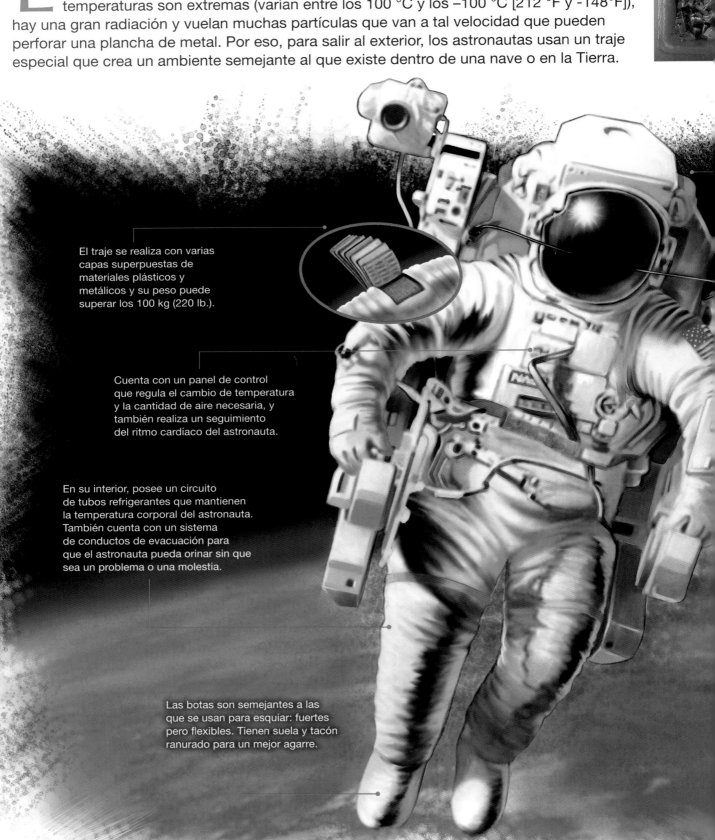

El traje se realiza con varias capas superpuestas de materiales plásticos y metálicos y su peso puede superar los 100 kg (220 lb.).

Cuenta con un panel de control que regula el cambio de temperatura y la cantidad de aire necesaria, y también realiza un seguimiento del ritmo cardíaco del astronauta.

En su interior, posee un circuito de tubos refrigerantes que mantienen la temperatura corporal del astronauta. También cuenta con un sistema de conductos de evacuación para que el astronauta pueda orinar sin que sea un problema o una molestia.

Las botas son semejantes a las que se usan para esquiar: fuertes pero flexibles. Tienen suela y tacón ranurado para un mejor agarre.

La hora del almuerzo

Los astronautas no pueden comer y beber de la misma manera que lo hace una persona en la Tierra. Para mayor comodidad, los alimentos, previamente elaborados y deshidratados, se envasan para que no se derramen y queden partículas flotando. Para comer, un astronauta debe sujetar la bandeja de comida a sus piernas. Los cubiertos están perforados para que pueda atravesarlos con una cuerda y atarlos a sus muñecas.

Vivir sin gravedad

La vida en el espacio, sin gravedad, produce muchos trastornos en el organismo del astronauta. Sus músculos y sus huesos se resienten por la falta de uso. Pierde masa muscular, fuerza y eficacia en sus movimientos. Para recuperarse el astronauta debe hacer ejercicios físicos. Pero debido a la falta de gravedad no hay manera de que se mantenga erguido. Por eso, las bicicletas y cintas cuentan con arneses y trabas que lo sujetan al suelo.

El casco protege la vista de la radiación exterior. En su interior hay un sistema de comunicación que conecta al astronauta con la nave, con la base terrestre o con sus compañeros de trabajo.

Las mochilas, también llamadas unidades de maniobra, poseen depósitos de oxígeno y una batería que permite el buen funcionamiento del equipo de comunicaciones y el sistema de refrigeración del traje.

Felices sueños

Dormir en el espacio no es tarea fácil, ya que la falta de gravedad provocaría que los astronautas duerman flotando contra el techo. Por eso las naves espaciales cuentan con camas amuradas a las paredes donde, una vez que se acomodan, deben sujetarse por medio de correas.

Astronautas en remojo

Antes de viajar al espacio, los astronautas se entrenan en la Tierra. Para conseguir un ambiente semejante al del espacio, trabajan en grandes depósitos de agua donde la presión del aire es similar a la que hay fuera de la atmósfera. En estos tanques no solo se pone a prueba la resistencia del astronauta, también se reproducen las tareas que deberá cumplir en el espacio.

Mientras que los trajes suelen hacerse para que puedan ser utilizados por varios astronautas a lo largo del tiempo, los guantes se hacen a medida. Deben proporcionar protección, pero también facilitar la manipulación de herramientas.

¿**Cómo** se explora el sistema solar?

Explorar el sistema solar no es sencillo, ya que las distancias son enormes y el ser humano no puede sobrevivir allí debido a la ausencia de atmósfera. Por eso se envían sondas espaciales, naves no tripuladas que cuentan con instrumentos para tomar fotos, hacer experimentos y sobrevolar o aterrizar en un determinado lugar. En 1977 se lanzaron dos sondas al espacio para estudiar los planetas llamados exteriores: las *Voyager 1* y *2*. Las naves tuvieron éxito y enviaron imágenes de Júpiter, Saturno, Urano y Neptuno. Estas sondas siguen funcionando y son los únicos objetos creados por el ser humano que han llegado tan lejos en el sistema solar.

Ulysses y el Sol

En 1990 los científicos de la NASA y de la Agencia Espacial Europea (ESA) lanzaron al espacio una sonda cuya función era estudiar los ciclos del Sol y la burbuja de viento que llega hasta los confines del sistema solar e influye sobre todos los planetas que orbitan a su alrededor. La sonda, llamada *Ulysses*, exploró los polos del Sol y fue la primera nave que estudió las partículas de polvo que flotan en el espacio. Se cree que pronto dejará de funcionar.

En 2006 la NASA envió la sonda *New Horizons,* que estudia los planetas y destaca por tener una velocidad mucho mayor que sus antecesoras las *Voyager;* se cree que en unos años las alcanzará.

Se calcula que en 2015 la *New Horizons* alcanzará Plutón y el Cinturón de Kuiper, un conjunto de cuerpos celestes de gran tamaño y que darían origen a los cometas de corta duración.

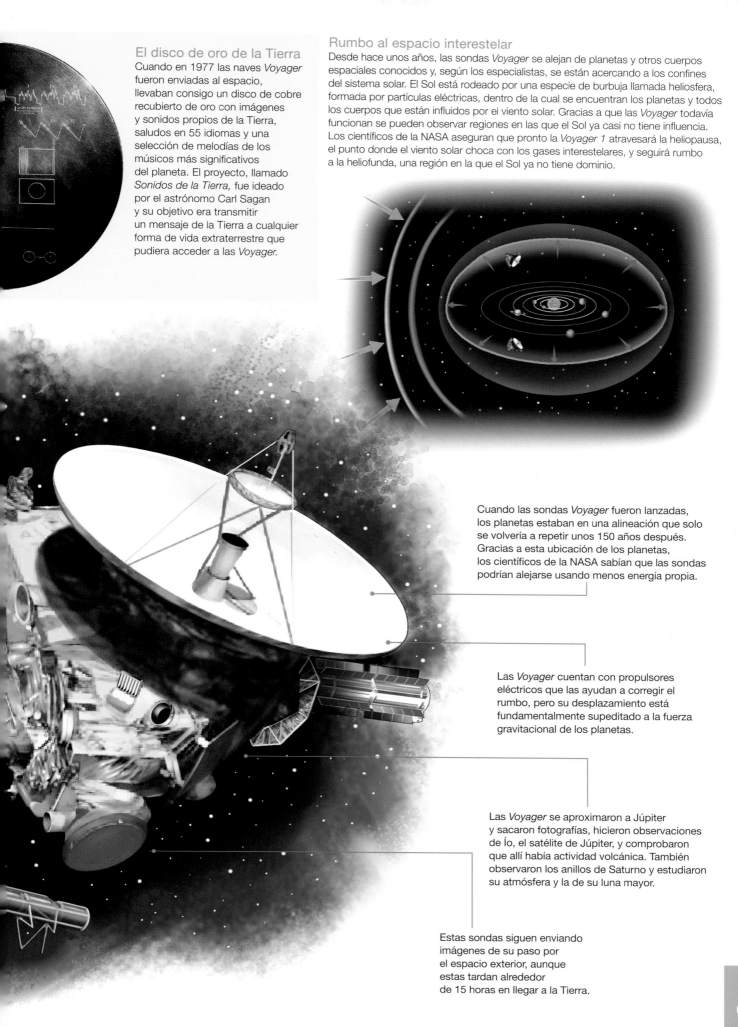

El disco de oro de la Tierra

Cuando en 1977 las naves *Voyager* fueron enviadas al espacio, llevaban consigo un disco de cobre recubierto de oro con imágenes y sonidos propios de la Tierra, saludos en 55 idiomas y una selección de melodías de los músicos más significativos del planeta. El proyecto, llamado *Sonidos de la Tierra,* fue ideado por el astrónomo Carl Sagan y su objetivo era transmitir un mensaje de la Tierra a cualquier forma de vida extraterrestre que pudiera acceder a las *Voyager.*

Rumbo al espacio interestelar

Desde hace unos años, las sondas *Voyager* se alejan de planetas y otros cuerpos espaciales conocidos y, según los especialistas, se están acercando a los confines del sistema solar. El Sol está rodeado por una especie de burbuja llamada heliosfera, formada por partículas eléctricas, dentro de la cual se encuentran los planetas y todos los cuerpos que están influidos por el viento solar. Gracias a que las *Voyager* todavía funcionan se pueden observar regiones en las que el Sol ya casi no tiene influencia. Los científicos de la NASA aseguran que pronto la *Voyager 1* atravesará la heliopausa, el punto donde el viento solar choca con los gases interestelares, y seguirá rumbo a la heliofunda, una región en la que el Sol ya no tiene dominio.

Cuando las sondas *Voyager* fueron lanzadas, los planetas estaban en una alineación que solo se volvería a repetir unos 150 años después. Gracias a esta ubicación de los planetas, los científicos de la NASA sabían que las sondas podrían alejarse usando menos energía propia.

Las *Voyager* cuentan con propulsores eléctricos que las ayudan a corregir el rumbo, pero su desplazamiento está fundamentalmente supeditado a la fuerza gravitacional de los planetas.

Las *Voyager* se aproximaron a Júpiter y sacaron fotografías, hicieron observaciones de Ío, el satélite de Júpiter, y comprobaron que allí había actividad volcánica. También observaron los anillos de Saturno y estudiaron su atmósfera y la de su luna mayor.

Estas sondas siguen enviando imágenes de su paso por el espacio exterior, aunque estas tardan alrededor de 15 horas en llegar a la Tierra.

El Abecé Visual de
LA TIERRA

El Abecé Visual de
ANIMALES SALVAJES

El Abecé Visual de
INVENTOS QUE CAMBIARON EL MUNDO 1

El Abecé Visual de
MEDIOS DE TRANSPORTE

El Abecé Visual de
EL UNIVERSO

El Abecé Visual de
EL UNIVERSO

El Abecé Visual de
LOS INVENTOS QUE CAMBIARON EL MUNDO 1

El Abecé Visual de
LA HISTORIA

LE PENSEVR

El Abecé Visual de
PLANTAS Y FLORES

El Abecé Visual de
LOS INSECTOS

El Abecé Visual de
PAÍSES, RELIGIONES Y CULTURAS DEL MUNDO

El Abecé Visual de
MITOS Y LEYENDAS UNIVERSALES

El Abecé Visual de
BOSQUES, SELVAS, MONTAÑAS Y DESIERTOS

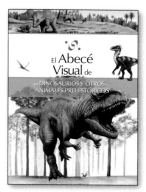

El Abecé Visual de DINOSAURIOS Y OTROS ANIMALES PREHISTÓRICOS

El Abecé Visual de VIAJEROS Y EXPLORADORES

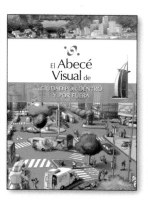

El Abecé Visual de CIUDAD POR DENTRO Y POR FUERA

El Abecé Visual de GRANDES CONSTRUCCIONES

El Abecé Visual de EL CUERPO HUMANO

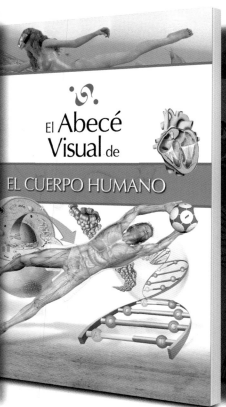

El Abecé Visual de EL CUERPO HUMANO

El Abecé Visual de MITOS Y LEYENDAS UNIVERSALES

« Students establish a base of knowledge across a wide range of subject matter by engaging with works of quality and substance. »

–Common Core State Standards
for English Language Arts & Literacy in History/
Social Studies, Science, and Technical Subjects, p. 7

A great addition to a CCSS-oriented collection

Common-Core
Quality & Substance
www.CommonCore.SantillanaUSA.com

El Abecé Visual de INVENTOS QUE CAMBIARON EL MUNDO 2

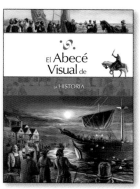

El Abecé Visual de LA HISTORIA

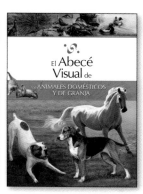

El Abecé Visual de ANIMALES DOMÉSTICOS Y DE GRANJA

El Abecé Visual del ARTE

El Abecé Visual de MARES, OCÉANOS, LAGOS Y RÍOS